AF636407

Lena Brorsson Alminger

Vegetarische Jul

Gedruckt auf
100% Recyclingpapier

Lena Brorsson Alminger

Vegetarische Jul

Weihnachtliche Rezepte aus Schweden

Aus dem Schwedischen von Christine Waßmann

pala verlag

Inhalt

God Jul!

Als ich mein Buch *Vegetarisk Julmat* schrieb – das ist der Titel meines Buches für eine vegetarische Weihnachtsküche hier in Schweden –, war mein Gedanke, dass wir Menschen in Mitteleuropa heute ganz anders leben als unsere Vorfahren. Wir arbeiten meist nicht mehr so hart wie früher, die meisten Menschen sitzen den ganzen Tag und bewegen sich kaum. Wir sollten uns also anpassen und ein wenig verändern, auch an Weihnachten, das wir so lieben. Das Essen sollte leichter und grüner sein – das ist wichtig für uns Menschen, für die Umwelt und für die Erde! Mehr Gemüse zu essen, ist eine von vielen Maßnahmen, um das Leben auf diesem Blauen Planeten zu verbessern. Wir leben gut und anders als früher und sollten deshalb auch neue (Weihnachts-) Traditionen leben – und genießen!

Vegetarische Weihnachtstafel

Früher fiel das Schlachten in der bäuerlichen Gesellschaft in die Zeit direkt vor Weihnachten, und die hart arbeitenden Menschen konnten sich endlich satt essen an Fleisch, Speck und Blutwurst. Heute aber leben wir urbanen Menschen ein sitzendes Leben im Überfluss, und viele alte Weihnachtsgerichte sind nicht mehr zeitgemäß. Wir sollten frische und heitere Traditionen leben, mit farbenfrohen und duftenden Früchten und Gemüsen. Mit hübschen und nährstoffreichen Nüssen und Saaten. Mit Schönheit und Düften. Auch wenn kein Fleisch mehr dabei ist, können wir trotzdem immer noch den Geschmack und die Gefühle der Weihnachtsfeste unserer Kindheit empfinden, denn die wichtigsten Gewürze und Zutaten der Weihnachtsküche sind unverändert. Grünkohl, Rotkohl, Käse, Äpfel, Apfelsinen, Nüsse, Zimt, Ingwer, Gewürznelken, Safran und Senf erinnern an die Weihnachtsfeste der Kindheit.

Jul in Schweden

Das Wort ***Jul*** (schwedisch *Weihnachten)* – ähnlich auch in den anderen skandinavischen Sprachen – ist wahrscheinlich ein altnordisches Wort aus vorchristlicher Zeit, als die Menschen hier in Schweden im dunkelsten Winter das Mittwinterfest oder Mittwinterblut feierten *(Jólablót,* altschwedisch *Julblut* oder *Weihnachtsblut).* Die genaue Herkunft des Wortes ist unbekannt. Die Christianisierung Schwedens begann im 9. Jahrhundert unserer Zeitrechnung und dauerte bis ins 13. Jahrhundert an. In der heutigen Zeit feiern wir das Jul-Fest in Schweden als Mischung heidnischer, christlicher, nordischer und germanischer Traditionen.

Die vorchristliche Mittwinterzeit in Schweden war dunkel und magisch, umweht von Aberglauben und voller Weissagungen für das kommende Jahr. In der Mittwinternacht verkehrten böse Mächte, die Tiere konnten sprechen und die Geister der Toten kamen zu Besuch. Es war wichtig, den Geistern und auch dem Wichtelmännchen des Bauernhofes gute Speisen anzubieten – einen guten Brei in einer kleinen Schüssel auf dem Tisch, auf dem Fensterbrett oder unter der Treppe vor dem Haus. Jeder Bauernhof hatte ein Wichtelmännchen, einen kleinen, grauen Zwerg, der ein Beschützer war. Aber solch ein Wichtel konnte auch böse sein. Auch heute noch stellen einige Menschen dem Wichtelmännchen ein Schälchen Brei auf die Treppe, um diesen Hausgeist bei Laune zu halten. Und ganz gleich, ob man nun ein Wichtelmännchen für möglich hält oder nicht, gehört ein süßer Reisbrei zu jedem typischen schwedischen Weihnachtsessen. Man legt eine Mandel in den Brei, und wer die Mandel in seiner Portion Reis findet, wird im kommenden Jahr verheiratet werden – so die Weissagung.

Genauso wichtig war es, den Tieren auf dem Hof gutes Futter zu geben. Noch immer ist es in Schweden in der Weihnachtszeit üblich, im Garten eine Hafergarbe aufzustellen, den Tieren also gutes Futter bereitzustellen.

Was uns Schweden in der Weihnachtszeit wichtig ist

Viele Traditionen, über die wir uns in Schweden vor Weihnachten und an Weihnachten freuen, wie Adventslichter, Weihnachtskarten, Adventskalender und der Weihnachtsbaum, kommen aus Deutschland und England, manche Bräuche wie das Schmücken mit immergrünen Zweigen, roten Äpfeln oder Kerzen sind in ihrem Symbolgehalt vorchristlicher Herkunft – immergrüne Zweige könnten ein Symbol für Yggdrasil, den Baum des Lebens, sein, rote Äpfel (und rote Weihnachtskugeln) könnten auf Iduns Äpfel des Lebens hindeuten. Idun ist eine Göttin aus der nordischen Mythologie. Einige Traditionen sind recht alt wie das Luciafest, das im Andenken an die Heilige Lucia von Syrakus im Mittelalter entstand und sich im Laufe der letzten hundert Jahre zum landesweiten Brauch entwickelte. Anderes, das uns an Weihnachten wichtig ist, wurde erst in den letzten Jahrzehnten so beliebt, wie es heute ist. Die Weihnachtszeit beginnt heutzutage am ersten Advent.

- ❄ Wir lieben unsere **Adventskalender.** Sie lassen den dunklen Dezember zu einer einzigen großen Erwartung werden. Ein Adventskalender ist vor allem für die Kinder hier in Schweden sehr wichtig!
- ❄ In fast allen schwedischen Haushalten stehen **vier Adventskerzen mit Moos und Preiselbeerzweigen** auf dem Tisch.
- ❄ Neunzig Prozent der schwedischen Haushalte erhellen die dunklen Wintertage mit **elektrischen Adventsleuchtern,** einige Familien haben Leuchter vor fast allen Fenstern im Haus. Diese Leuchter waren von Anfang an elektrisch – es gibt sie seit

1934. Ursprünglich hatten sie sieben Lichter in Form eines »A« ohne kurzen Längsstrich. Diese Form ist auch heute noch weit verbreitet, aber es gibt auch verschiedene andere Formen sowie Adventssterne aus Papier, Messing oder Birkenrinde mit elektrischen Kerzen.

- Häufig stehen auch **Kerzen** oder Stalllaternen draußen vor den Haustüren. Kerzenlicht vertreibt die Dunkelheit.
- Weihnachtsschmuck aus **Stroh** ist eine sehr alte, sehr beliebte Tradition. Schon um 1700 stellte man in Schweden vor Festlichkeiten Bastelarbeiten aus Stroh her. Aus Stroh bastelt man beispielsweise Sterne, Engel, Weihnachtsmänner oder den Julbock, den Weihnachtsbock. Möglicherweise stammt die Figur des Julbocks vom nordischen Donnergott Thor, von dem es hieß, er reite mit seinen Böcken über den Himmel. Seit Jahrtausenden hat Getreidestroh eine wichtige Bedeutung, denn schließlich ist es das Getreide, das uns Menschen unser tägliches Brot gibt. Stroh ist ein Symbol für Fruchtbarkeit. Früher belegte man an Weihnachten auch den Fußboden im Haus mit Stroh. Stroh auf dem kalten Boden ist wie ein Teppich, warm und herrlich. Seit sich die meisten Menschen Teppiche leisten können, ist das Stroh auf den Fußböden verschwunden und wegen Brandgefahr auch verboten.
- Schon in vorchristlichen Zeiten versorgte man die Tiere des Hofes während Mittwinter mit besonders gutem Futter. In vielen Gärten stellt man auch heute noch eine **Hafergarbe** als Futter für die Vögel auf. Mit diesem Brauch lässt man die Tiere am Festschmaus teilhaben.

- ❄ Ein **Weihnachtskranz** – oft mit Tannen- oder Wacholderzweigen, dazu Nüsse und Äpfel – an der Haustür und rote **Weihnachtsäpfel** schmücken vielfach Haus und Garten.
- ❄ **Blumen** sind sehr wichtig! Hyazinthen, Christrosen, Weihnachtssterne oder Amaryllis.
- ❄ **Kaminfeuer!** Sein Prasseln und Leuchten erwärmt unsere Herzen.
- ❄ Ein sehr wichtiges Fest in der Weihnachtszeit mit langer Tradition ist das **Luciafest,** das Lichterfest. Es erinnert an die Heilige Lucia von Syrakus, die ihre verfolgten Glaubensgenossen mit Speis und Trank versorgte. Um beide Hände zum Tragen frei zu haben, trug sie das Licht, das ihr den Weg leuchtete, auf dem Kopf. Frühmorgens am 13. Dezember kommt überall in Schweden Lucia, die Lichtbringerin, im weißen Kleid und mit Lichterkranz auf dem Kopf zusammen mit ihren Begleiterinnen und Begleitern, Mädchen in langen weißen Kleidern und Kindern, als Sternjungen, Pfefferkuchenmännchen und Wichtel verkleidet. Sie singen in Altenheimen für die Alten und in Krankenhäusern für die Kranken, in Geschäften, Firmen, an Arbeitsplätzen und im Fernsehen. Alle Schulen feiern Lucia und alle Eltern müssen für den 13. Dezember die weißen Luciakleider ihrer Kinder bügeln oder neue Kleider kaufen.
- ❄ Sehr beliebt sind **Glöggpartys!** *Glögg,* eine Art Glühwein, und Pfefferkuchen trinkt und isst man den ganzen Dezember über. Den ganzen Monat über gibt es Einladungen zu Glöggpartys – man feiert am Arbeitsplatz und zu Hause mit Freunden.
- ❄ Fast alle Schweden gehen im Dezember in die Kirche – auch viele von uns, die sonst nie in die Kirche gehen! –, um dort Weihnachtslieder zu singen. Wichtig ist auch die **Christmette** früh am ersten Weihnachtstag.
- ❄ Weihnachten ist ein Familienfest, die **Familie** ist sehr wichtig, man ist sich nah, feiert miteinander und zu Hause. Wir fahren lange Strecken, um einander zu besuchen.

- Der wichtigste Tag ist der 24. Dezember – der **Weihnachtsabend**, der ***dopparedagen*** **(Tauchtag)**. Dieser Name rührt aus der alten Tradition, an diesem Abend das Weihnachtsbrot in die Brühe des Weihnachtsschinkens zu tauchen und in gemeinsamer Runde zu essen.
- Alle Restaurants und Geschäfte sind am Weihnachtsabend nach fünfzehn Uhr geschlossen. Um fünfzehn Uhr sitzt die Hälfte alle Schweden vor dem Fernseher, um **Donald Duck** *(Kalle Anka)* zu gucken. Das ist seit Weihnachten 1960, als Donald Duck das erste Mal in Schweden im Fernsehen gesendet wurde (in der Sendung »Kalle Anka und seine Freunde wünschen Frohe Weihnachten«), eine ganz starke Tradition! Fast vier Millionen Menschen – wir sind in Schweden neun Millionen – sitzen am 24. Dezember um fünfzehn Uhr vor dem Fernseher! Vor einigen Jahren wollte das schwedische Fernsehen *Kalle Anka* einstellen – da entstand ein wahrer Aufstand und niemand redet seitdem mehr davon, die Sendung aufzugeben.
- Am Abend dieses Tages bringt der **Weihnachtsmann** die Geschenke. Der schwedische Weihnachtsmann ist eine Mischung aus dem deutschen Nikolaus, dem Santa Claus Englands und der USA und dem alten, grauen Wichtelmännchen. Der **Weihnachtsbaum** ist geschmückt mit Figuren aus Stroh, Engeln, Lichtern und viel Glanz. Die Geschenke liegen manchmal im Jutesack unter dem Weihnachtsbaum.
- Das **Weihnachtsessen** findet am Nachmittag oder am Abend des 24. Dezember statt – meistens nach Donald Duck.
- Die **Weihnachtszeit endet** üblicherweise am 13. Januar, dem *Tjugondedag Knut* (»zwanzigster Tag Knut«, zwanzig Tage nach Weihnachten). Vielfach behält man den Weihnachtsbaum aber noch etwas länger im Haus. Ich kann bis Ende Februar warten, ihn abzuputzen und aus dem Haus zu räumen!

Schwedische Weihnachtsgerichte

Schätzungsweise vier Prozent der Schweden sind Vegetarier. Unter den jungen Menschen ist der Prozentsatz höher. Es gibt in Schweden allerdings seit dem bekannten schwedischen Ernährungsreformer Are Waerland (1876 – 1955) eine starke Gesundheitstradition. Are Waerland gründete den Sportverein *Svenska Frisksportförbundet* (»Schwedischer Frischsportverein«, heute Gesundheitsförderung *Hälsofrämjandet).*

Typische schwedische Weihnachtsgerichte sind Fleischgerichte und Gerichte mit Salzhering. Für die meisten dieser Fleischgerichte kommt das Fleisch vom Schwein. Das ist so, weil die schwedischen Bauern jahrhundertelang immer im Dezember ihre Tiere geschlachtet haben. So wurden viele schwedische Weihnachtsgerichte geboren.

Im Folgenden ein kleiner Überblick über heute noch beliebte typische Weihnachtsgerichte und wie typische Gerichte mit Fleisch und Fisch in meinem Buch vegetarisch geworden sind:

- ❄ Der **gegrillte Schinken,** Mittelpunkt der Weihnachtstafel in Schweden: **Statt Schinken** nehme ich eine **große, gekochte Steckrübe** oder eine **Süßkartoffel** und grille sie mit Senf – wie man es mit dem Schinken macht – es schmeckt wirklich ganz ausgezeichnet!
- ❄ Es ist in einigen Familien alter Brauch, gemeinsam am Weihnachtstag **Bierwürzbrot mit Schinkenbrühe** zu essen. Dazu taucht man ein Stück Bierwürzbrot in die warme Brühe vom Kochen des Schinkens. Deshalb nennen wir in Schweden den Weihnachtsabend auch *dopparedagen,* Tauchtag. Selbst gebackenes frisches Weihnachtsbrot schmeckt mit **würziger Gemüsebrühe** aber mindestens ebenso gut!

- Verschiedene **Heringsgerichte** wie *Janssons frestelse* (Janssons Versuchung), ein überbackenes Kartoffelgratin mit Sardellen und Sahnesauce: Für Janssons Versuchung nehme ich **Oliven statt Sardellen.**
- **Heringssalate** *(Sillsallad)* mit Äpfeln, Roter Bete oder Gurke sowie unterschiedlich **eingelegter Hering,** beispielsweise eingelegt in Essig, mit Senf, Dill und Gewürzen wie Piment und Lorbeer: Einlegten Hering gibt es bei mir ohne Hering! Statt Hering lege ich beispielsweise **Aubergine** und andere Gemüse ein.
- Eine lange Tradition hat auch *Lutfisk* mit weißer Sauce – *Lutfisk* ist getrockneter **Stockfisch,** der erst in Lauge ziehen muss und danach zur weiteren Verwendung gewässert wird. Früher wurde der Stockfisch für *Lutfisk* immer am 9. Dezember, am Annatag – dieser Tag ist Anna, Marias Mutter, gewidmet –, in Lauge eingelegt.
- **Fleischklößchen,** Weihnachtswürste und Fleischpasteten: Klößchen mache ich nicht mit Fleisch, sondern mit Nüssen und mit Reis.
- Sehr typisch auf unserem Weihnachtstisch sind auch alle **Kohlsorten** – Grünkohl, Rotkohl oder Weißkohl – und verschiedene **Gerichte mit Kohl.** Dazu gehören in Butter gebratener Grünkohl, Rotkohlsalat mit Rosinen, gekochter Rosenkohl oder *Brunkål,* eine Weißkohlspezialität aus Skåne.
- Das **Weihnachtsdessert** Nummer eins mit sehr langer Tradition ist *Riz á la Malta* – Milchreis mit Schlagsahne und Beerensauce! Der Name hat nichts mit Malta zu tun, sondern ist wahrscheinlich eine Verdrehung des französischen *riz a l'amande* (Mandelreis).

❄ Sehr wichtig sind an Weihnachten auch **Lebkuchen, weicher Pfefferkuchen** und **süßer Weihnachtsbrei, Knäckebrot, Bierwürzbrot** und viele verschiedene **Käsesorten** – an Weihnachten ist besonders Cheddar sehr beliebt, beispielsweise Kognakcheddar oder Whiskycheddar. Außerdem essen wir gerne **Nüsse** wie Haselnüsse, Walnüsse oder Mandeln, **Safran, Zimt, Marzipan** und **Schokolade, Äpfel** und **Apfelsinen** und trinken ***Glögg!***

Köstlich und gesund

- Verwenden Sie Butter und Öl statt Margarine. Margarine ist ein industriell hergestelltes, unnatürliches Produkt.
- Tauschen Sie weißes Weizenmehl gegen gesiebtes Dinkelvollkornmehl aus, das einen höheren Nährwert hat.
- Verwenden Sie, so weit möglich, ökologische und in der Region erzeugte Lebensmittel.
- Nehmen Sie immer Eier von möglichst glücklichen Hühnern, das heißt Eier aus ökologischer Freilandhaltung.
- Geben Sie Kartoffeln und Gemüse, die gekocht werden sollen, erst dann ins Wasser, wenn dieses bereits kocht, und kochen Sie mit so wenig Wasser wie möglich. Das schont die Vitamine.
- Weißer Zucker ist nicht gut für uns Menschen, verwenden Sie stattdessen besser Vollrohrzucker. Das ist ein natürlicher Zucker aus dem Saft unraffinierten Zuckerrohrs. Deshalb enthält er einige Mineralien und Spurenelemente.
- Verwenden Sie unraffiniertes Steinsalz, Kräutersalz und Meersalz, die neben Natriumchlorid weitere Mineralien enthalten, und kein gewöhnliches Tafelsalz, das stark raffiniert ist und fast ausschließlich Natriumchlorid enthält. Gewöhnliches Tafelsalz kann unseren Blutdruck und unsere Gesundheit negativ beeinflussen.
- Nüsse sind gut für Vegetarier. Sie enthalten viel Eiweiß und wertvolle Fette. Bewahren Sie Nüsse immer kühl auf, weil pflanzliche Fette schnell ranzig werden.

Hinweise zu den Rezepten

Abkürzungen und Einheiten

TL = Teelöffel
EL = Esslöffel
ml = Milliliter
l = Liter
g = Gramm
kg = Kilogramm
cm = Zentimeter

Alle angegebenen Backtemperaturen gelten für einen **vorgeheizten Elektrobackofen mit Ober- und Unterhitze.** Bei Gasbacköfen oder beim Backen mit Umluft bitte die Angaben des Herstellers beachten und die entsprechende Temperatur aus der Bedienungsanleitung entnehmen und anpassen.

Pikante Pasteten, Gratins und Überbackenes aus dem Ofen

Patéer, gratänger och ugnsbakat

Mit Basilikum überbackene Steckrübe

Basilikagriljerad kålrot

Schinken ist die Nummer eins auf der Weihnachtstafel in Schweden. Wenn man aber eine köstliche Steckrübe kocht und sie auf die gleiche Weise paniert und überbackt wie den Schinken, so erhält man ein delikates vegetarisches Weihnachtsgericht, das auch Schinkenliebhabern schmecken wird.

Für 4 bis 6 Portionen
Wasser zum Kochen der Rübe
2 EL oder 1 Würfel Gemüsebrühe
2 Lorbeerblätter
4 Knoblauchzehen, geschält
1 große Steckrübe, geputzt

Panade
3 EL scharfer Senf
1 Eigelb vom glücklichen Huhn
2 EL Vollrohrzucker
3 – 5 EL Semmelbrösel
1 Töpfchen oder 1 Bund frisches Basilikum, fein gehackt
frisch gemahlener schwarzer Pfeffer
Semmelbrösel zum Überbacken

❄ In einer großen Kasserolle reichlich Wasser aufkochen und Gemüsebrühe, Lorbeerblätter und Knoblauchzehen hineingeben.

- Dann die ganze Steckrübe in die Brühe legen und so lange kochen, bis sie weich, aber keinesfalls zu weich ist. Die Steckrübe herausnehmen und mit kaltem Wasser abspülen, damit sie nicht nachgart und zu weich wird.
- Alle Zutaten für die Panade in einer Schüssel zu einer streichfähigen Masse verrühren und die Steckrübe damit bestreichen. Die Steckrübe einige Male einschneiden, damit die Panade besser haftet. Vor dem Überbacken mit weiteren Semmelbröseln bestreuen.
- Die Steckrübe in einer feuerfesten Form im vorgeheizten Ofen bei 250 °C einige Minuten überbacken, bis sie etwas Farbe bekommt.

In Schweden, Norwegen und Dänemark hat der graue Hauswichtel oder Kobold übernatürliche Kräfte, die Haus und Heim beschützen können. Hauswichtel sollen etwa vierhundert Jahre alt werden können.

Grünkohlpastete mit Kürbiskernen und Mandeln

Grönkålspaj med rostade pumpafrön och mandlar

Eine geglückte Verbindung von nährstoffreichem Grünkohl und gerösteten Kernen und Nüssen. Grünkohl verleiht Lebenskraft, weil er viel Eisen, Vitamin C und Folsäure enthält.

Für 6 bis 8 Portionen

Teig

1 große Kartoffel, gekocht und geschält(etwa 100 g)
150 g gesiebtes Dinkelvollkornmehl
150 g grobes Weizenvollkornmehl oder -schrot
75 g kalte Butter, klein geschnitten
1 – 2 EL kaltes Wasser

Grünkohlfüllung

Wasser zum Kochen des Grünkohls
2 EL oder 1 Würfel Gemüsebrühe
300 g Grünkohl, in feine Streifen geschnitten
300 g Champignons, fein gehackt
2 Knoblauchzehen, geschält und gepresst
1 Porreestange, fein geschnitten
2 – 3 EL Butter zum Schmoren
wenig Wasser zum Schmoren
1 rote Paprika, fein gehackt
200 g Schafskäse nach Art von Feta, klein gewürfelt
100 g ganze Mandeln
100 g Kürbiskerne
4 Eier von glücklichen Hühnern
200 g saure Sahne oder Sojasahne
100 ml kräftige Gemüsebrühe
Cayennepfeffer

Kräutersalz, frisch gemahlener schwarzer Pfeffer
50 g Gorgonzola oder magerer Käse, zerkrümelt oder gerieben

- ❄ Kartoffel zu Mus verarbeiten, am besten mit dem Mixer. Mit den restlichen Teigzutaten rasch zu einem Teig verkneten.
- ❄ Den Teig ausrollen und eine flache Pastetenform oder feuerfeste Auflaufform damit auskleiden. Die Form 30 Minuten in den Kühl- oder Gefrierschrank stellen. Der Teig rutscht dann nicht von den Rändern, wenn er gebacken wird.
- ❄ Teig aus dem Kühl- oder Gefrierschrank nehmen und im vorgeheizten Ofen bei 200 °C etwa 10 Minuten vorbacken.
- ❄ Wasser mit Gemüsebrühe zum Kochen bringen. Grünkohl in die kochende Gemüsebrühe geben und ein paar Minuten kochen (indem man den Grünkohl erst in die Gemüsebrühe legt, wenn diese bereits kocht, bewahrt man die Vitamine des Kohls!). Kohl herausnehmen und abtropfen lassen.
- ❄ In einer großen Kasserolle die Pilze zusammen mit Knoblauch und Porree in Butter und Wasser einige Minuten garen. Ständig mit einem Holzlöffel umrühren.
- ❄ Grünkohl, Paprika und Schafskäse dazugeben, untermengen und den Topf vom Herd nehmen.
- ❄ Ganze Mandeln und Kürbiskerne in einer Pfanne bei mittlerer Hitze unter ständigem Rühren rösten, bis sie etwas Farbe bekommen haben. Zur Grünkohlmischung geben.
- ❄ Eier, saure Sahne oder Sojasahne, Brühe und Cayennepfeffer verrühren.
- ❄ Die Eiermasse unter die Grünkohlmischung rühren und eventuell etwas salzen und pfeffern.
- ❄ Die Mischung auf den vorgebackenen Teig geben, mit dem Gorgonzola oder mageren Käse bestreuen und im vorgeheizten Ofen bei 200 °C 20 bis 30 Minuten backen.

Janssons Versuchung mit Oliven

Janssons frestelse med oliver

Ein sehr beliebtes Gericht auf der schwedischen Weihnachtstafel (und während des ganzen Jahres) ist Janssons Versuchung, ein salziges Kartoffelgratin mit Sardellen. Ein vegetarischer Jansson erhält seine salzige Note durch Oliven und Schafskäse.

Für 8 bis 10 Portionen

Butter oder Rapsöl für die Auflaufform
10 – 12 mittelgroße Kartoffeln, geschält und in feine Streifen geschnitten (900 g – 1,2 kg)
3 rote Zwiebeln, geschält und fein gehackt
3 – 6 Knoblauchzehen, geschält und fein gehackt
400 g Oliven bester Qualität, entsteint und halbiert
10 sonnengetrocknete Tomaten in Öl, abgetropft und in kleinere Stückchen geschnitten
200 g Schafskäse nach Art von Feta, grob zerkrümelt
frisch gemahlener schwarzer Pfeffer
300 g saure Sahne oder Sojasahne
100 ml kräftige Gemüsebrühe
70 g Semmelbrösel
150 – 200 g Västerbotten-Käse oder ein anderer herzhafter Hartkäse wie Parmesan, Cheddar, gerieben

❄ Eine große, feuerfeste Auflaufform einfetten.
❄ Die Hälfte der Kartoffelstreifen in die Form geben.
❄ Zwiebeln, Knoblauch, Oliven, Tomaten, Schafskäse und schwarzen Pfeffer darauf verteilen.
❄ Mit den übrigen Kartoffeln bedecken.

* Saure Sahne oder Sojasahne und Gemüsebrühe über die Kartoffeln gießen. Semmelbrösel und zum Schluss den Käse darüberstreuen.
* Die Versuchung im vorgeheizten Backofen bei 200 °C etwa 40 bis 45 Minuten (so lange, bis die Kartoffeln weich sind) garen.

Kidneypie mit Feigen und Ziegenkäse

Kidneypaj med fikon och getost

Rote Kidneybohnen erinnern in ihrer Form an Nieren und heißen deshalb *kidney* (englisch Niere). Klassischer Kidneypie wird aus echten Nieren von Tieren zubereitet, der folgende vegetarische Pie heißt Kidneypie, weil er die lieblich schmeckenden Kidneybohnen mit ihrem Reichtum an Eiweiß, Mineralien und Ballaststoffen enthält. Die rustikalen Bohnen gehen hier eine glückliche Verbindung mit süßen Feigen und gesalzenem Käse ein.

Für 6 bis 8 Portionen

Teig

1 große Kartoffel, gekocht und geschält (etwa 100 g)
150 g gesiebtes Dinkelvollkornmehl
150 g grobes Weizenvollkornmehl oder -schrot
75 g kalte Butter, klein geschnitten
1 – 2 EL kaltes Wasser

Bohnenfüllung

3 rote Zwiebeln, geschält und fein gehackt
3 Knoblauchzehen, geschält und fein gehackt
2 – 3 EL Rapsöl zum Braten
400 – 500 g klein gehackte Tomaten aus dem Glas
400 g rote Kidneybohnen, eingeweicht und gekocht wie auf der Verpackung angegeben, oder konservierte Bohnen (das entspricht 200 g getrockneten Bohnen)
250 g Cocktailtomaten, halbiert
150 g getrocknete Feigen, einige Stunden eingeweicht und in kleine Stückchen geschnitten
200 g frischer oder tiefgefrorener Blattspinat

1 – 2 EL Maisstärke zum Binden
150 g Ziegenkäse, gewürfelt
(kurz ins Gefrierfach gelegt, ist er leichter zu schneiden)
45 g frische oder 3 EL getrocknete Kräuter wie Basilikum, Thymian, Estragon, klein gehackt
1 EL Kräutersalz
frisch gemahlener schwarzer Pfeffer
etwa 100 g Ziegenkäse, gerieben
(kurz ins Gefrierfach gelegt, ist er leichter zu reiben)

- ❄ Die Kartoffel zu Mus verarbeiten, am besten geht es mit dem Mixer. Mit den restlichen Teigzutaten rasch zu einem Teig verarbeiten.
- ❄ Den Teig ausrollen und eine flache Pastetenform oder feuerfeste Auflaufform damit auskleiden. Die Form 30 Minuten in den Kühl- oder Gefrierschrank stellen. Der Teig rutscht dann nicht von den Rändern, wenn er gebacken wird.
- ❄ Den Pastetenteig aus dem Kühl- oder Gefrierschrank nehmen und im vorgeheizten Ofen bei 200 °C etwa 10 Minuten vorbacken.
- ❄ In einer großen Kasserolle Zwiebeln und Knoblauch bei kleiner Hitze einige Minuten im Rapsöl anbraten.
- ❄ Gehackte Tomaten, Kidneybohnen, halbierte Cocktailtomaten, Feigen und Spinat unterrühren. Mit Maisstärke bestäuben und köcheln lassen, bis alles etwas eindickt.
- ❄ Den gewürfelten Ziegenkäse unterrühren. Mit Kräutern, Kräutersalz und schwarzem Pfeffer würzen.
- ❄ Die Mischung auf den vorgebackenen Pastetenteig gießen. Mit dem geriebenen Ziegenkäse bestreuen.
- ❄ Pastete im vorgeheizten Backofen bei 200 °C etwa 20 Minuten backen.

Mohrrüben-Pilz-Pâté

Morots och svamppaté

Pâtés oder Pasteten sind traditionelle und beliebte Gerichte auf einer schwedischen Weihnachtstafel, aber oft sind sie mit Fleisch oder Fisch gemacht. Pâtés mit Gemüse oder Pilzen sind wahre Delikatessen. Sie behalten ihre Form mit Hilfe von Eiern. Man kann sie warm oder kalt essen. Ein gutes Büfettgericht.

Für 6 bis 8 Portionen

2 Porreestangen, in dünne Ringe geschnitten
2 – 4 Knoblauchzehen, geschält und fein gehackt
2 EL Butter oder Rapsöl
etwas Wasser
300 g Champignons oder Pilze nach Wahl, klein geschnitten
Kräutersalz
3 mittelgroße Mohrrüben, fein gerieben
3 Eier von glücklichen Hühnern
150 g herzhafter Käse wie Edamer, Maasdamer, Emmentaler, gerieben
50 g feine Haferflocken
45 g frische Kräuter wie Thymian, Petersilie, fein gehackt
frisch gemahlener schwarzer Pfeffer
75 g herzhafter Käse wie Edamer, Maasdamer, Emmentaler zum Bestreuen, gerieben

❄ In einer großen Pfanne Porree und Knoblauch in Butter oder Rapsöl und etwas Wasser anbraten.
❄ Nach einigen Minuten die Pilze hinzufügen, salzen und 10 bis 15 Minuten braten, bis die Pilze gar sind.
❄ Die Pfanne vom Herd nehmen und die geriebenen Mohrrüben und die Eier dazugeben. Alles gut mischen.

* Käse, Haferflocken, Kräuter und schwarzen Pfeffer unterrühren.
* Den Teig in eine Kastenform (30 cm lang, 12 cm breit) füllen, die mit Backpapier ausgekleidet ist, das über den Rand der Form ragt. Man kann das Pâté auch in eine schöne feuerfeste gefettete Form füllen und direkt daraus servieren.
* Den Käse über die Pastete streuen.
* Das Pâté im vorgeheizten Ofen bei 200 °C etwa 60 Minuten backen. Das Pâté mit Backpapier bedecken, sollte es zu braun werden.

Die Weihnachtszeit beginnt in Schweden am ersten Adventssonntag. Wir zünden dann die erste von vier Kerzen des Adventsleuchters an, eine alte Tradition.

Kartoffelgratin mit Walnüssen

Potatisgratäng med valnötter

Kartoffeln, diese köstlichen Knollen, sind etwas in Verruf geraten – sie sollen dick machen. Dabei kommt es aber darauf an, wie man die Kartoffeln zubereitet und was man zusammen mit ihnen isst. Wenn wir Kartoffeln zusammen mit anderen Lebensmitteln essen – wie in diesem Gratin mit Gemüse, Walnüssen und saurer Sahne – können wir unbesorgt all die guten Inhaltsstoffe genießen, die in Kartoffeln stecken.

Für 6 bis 8 Portionen

Butter oder Rapsöl für die Auflaufform
10 mittelgroße Kartoffeln, geschält und
in feine Streifen geschnitten (800 g – 1 kg)
2 Mohrrüben, in feine Streifen geschnitten
2 rote Zwiebeln, geschält und fein gehackt
1 Porreestange, in dünne Ringe geschnitten
3 – 5 Knoblauchzehen, geschält und fein gehackt
200 g Walnüsse, grob gehackt
200 g saure Sahne
200 ml kräftige Gemüsebrühe
Kräutersalz
frisch gemahlener schwarzer Pfeffer
100 g Kürbiskerne
50 – 60 g Sesamsamen

- Eine große feuerfeste Auflaufform einfetten.
- Kartoffel- und Mohrrübenstreifen, Zwiebeln, Porree, Knoblauch und Nüsse in einer großen Schüssel mischen.
- Die saure Sahne zur Gemüsebrühe geben und unter die Kartoffelmischung rühren. Salzen und pfeffern.
- Alles in die feuerfeste Form füllen. Mit Kürbiskernen und Sesam bestreuen.
- Gratin im vorgeheizten Ofen bei 200 °C 30 bis 40 Minuten backen.

In Schweden feiern wir am 24. Dezember Weihnachten. Das ist der große Tag, an dem sich alle treffen und die Weihnachtsgeschenke verteilt werden. In vielen anderen Ländern ist der 25. Dezember der wichtigste Tag. Dass es in Nordeuropa der 24. Dezember ist, kann daran liegen, dass man im Norden gerade den Abend vor einem Feiertag besonders gerne mag, und nach kirchlicher Tradition beginnt ein Feiertag um achtzehn Uhr des Vorabends. Auf diese Weise feiern wir auch Ostern, Pfingsten und Mittsommer.

Überbackenes Wurzelgemüse in der Form
Rotsakslåda

Wurzelgemüse in der Form ist eine finnische Spezialität, die sich unendlich variieren lässt. Man kann das Wurzelgemüse pürieren oder wie hier in feine Streifen schneiden. Früher wurden Wurzelgemüse mit Armut in Verbindung gebracht, heute sind sie Essen für Könige!

Für 6 bis 8 Portionen
300 g Champignons oder andere Pilze, in feine Stückchen geschnitten
3 EL Butter
eventuell etwas Wasser
2 Zwiebeln, geschält und fein gehackt
1 Porreestange, in dünne Ringe geschnitten
3 – 5 Knoblauchzehen, geschält und fein gehackt
6 mittelgroße Kartoffeln, geschält und in feine Streifen geschnitten (480 – 600 g)
200 g Steckrübe, in feine Streifen geschnitten
150 g Wurzelsellerie, in feine Streifen geschnitten
200 g Walnüsse, grob gehackt
Butter oder Rapsöl für die Auflaufform
600 ml kräftige Gemüsebrühe
125 g würziger Weich- oder Schnittkäse mit guter Schmelzqualität
200 g saure Sahne
3 Scheiben grobes, dunkles Roggenbrot (etwa 200 g)

- In einer großen Kasserolle oder einer großen Pfanne die Pilze bei kleiner Hitze in Butter und eventuell etwas Wasser – wenn es zu trocken ist – anbraten.
- Nach einigen Minuten Zwiebeln, Porree und Knoblauch dazugeben und weiterbraten.
- Topf oder Pfanne vom Herd nehmen, Kartoffeln, Steckrübe, Sellerie und Nüsse dazugeben und gut untermischen.
- Eine große feuerfeste Auflaufform einfetten und die Gemüsemischung hineingeben.
- Die Brühe in einem Topf aufkochen, Käse und saure Sahne unterrühren. Etwas köcheln lassen.
- Die Sahnebrühe über das Gemüse gießen.
- Das Roggenbrot zerkrümeln und über das Gemüse streuen.
- Auflauf im vorgeheizten Ofen bei 200 °C 40 bis 50 Minuten backen.

Zu großen Festtagen breitete man im Norden Stroh auf dem Fußboden aus, vermutlich als Schutz gegen die Kälte. Das Weihnachtsstroh hatte übernatürliche Kräfte und wurde am Weihnachtsabend hereingeholt. Figuren aus Stroh wurden zu einem wichtigen Weihnachtsschmuck und sind es bis heute.

Krümelauflauf mit Wurzelgemüse

Smulpaj med rotsaker

Steckrüben, Pastinaken und Wurzelsellerie sind typische Wintergemüse. Diese schwedischen Delikatessen ergeben zusammen mit indischen Gewürzen einen wunderbaren Krümelauflauf.

Für 4 bis 6 Portionen

Krümelteig

115 g grobes Weizenvollkornmehl oder -schrot
125 g Haferflocken
100 g kalte Butter in Flöckchen
Kräutersalz
frisch gemahlener schwarzer Pfeffer

Gemüsefüllung

200 g Pilze, klein geschnitten
3 EL Butter
etwas Wasser
3 Zwiebeln, geschält und fein gehackt
3 – 5 Knoblauchzehen, geschält und fein gehackt
300 – 400 ml Gemüsebrühe
2 EL Maisstärke zum Binden
2 TL Kurkuma
2 TL gemahlener Koriander
½ TL Chilipulver
Kräutersalz
frisch gemahlener schwarzer Pfeffer
1 große Pastinake, klein gewürfelt (etwa 150 g)

150 g Steckrübe, klein gewürfelt
150 g Wurzelsellerie, klein gewürfelt
2 mittelgroße Kartoffeln, klein gewürfelt (160 – 200 g)
100 g grüne Erbsen
100 g Haselnüsse
Butter oder Rapsöl für die Auflaufform

❄ Mehl, Haferflocken und Butter mit einer Gabel zu einem krümeligen Teig vermengen. Mit Kräutersalz und schwarzem Pfeffer würzen.
❄ Für die Gemüsefüllung die Pilze bei kleiner Hitze in Butter und etwas Wasser anbraten. Nach einigen Minuten Zwiebeln und Knoblauch dazugeben und braten, bis die Pilze weich und glänzend werden.
❄ Dann die Gemüsebrühe, Maisstärke, Kurkuma, Koriander, Chilipulver, Kräutersalz und schwarzen Pfeffer dazugeben. Alles gut mischen.
❄ Das Gemüse bis auf die Erbsen hinzufügen und alles zusammen ein paar Minuten kochen lassen. Dann Erbsen und Nüsse unterrühren.
❄ Eine große feuerfeste Auflaufform einfetten und die Mischung hineingeben.
❄ Den Krümelteig über der Mischung verteilen.
❄ Auflauf im vorgeheizten Ofen bei 225 °C 25 Minuten backen.

Weihnachtspolenta

Julpolenta

Die sonnengelben Polentakörnchen sind grob gemahlener, ungesiebter Mais. Lecker für Brei, Grütze oder wie hier für einen herrlichen Kuchen mit gewürfeltem Weihnachtskäse. Der Weihnachtskäse – gerne Cheddar – steht in Schweden immer als großer Käselaib auf der Weihnachtstafel.

Für 1 großen Kuchen
900 ml Wasser
4 EL oder 2 Würfel Gemüsebrühe
300 g Polenta
1 Knoblauchzehe, geschält und fein gehackt
15 sonnengetrocknete Tomaten in Öl,
abgetropft und fein gehackt
50 g Walnüsse, gehackt
50 g Haselnüsse, gehackt
50 g Paranüsse guter Qualität, gehackt
100 g Rosinen
150 g Parmesan oder Weihnachtskäse, gewürfelt
45 g frische oder tiefgefrorene Kräuter wie Thymian
oder nach Geschmack, fein gehackt
Kräutersalz
frisch gemahlener schwarzer Pfeffer
etwas Raps- oder Olivenöl zum Bepinseln

❄ Das Wasser mit der Gemüsebrühe aufkochen, die Polenta einrühren und auf kleiner Hitze etwa 10 Minuten köcheln lassen. Am besten die ganze Zeit rühren, damit die Polenta nicht anbrennt.

- Die Mischung vom Herd nehmen, wenn sie zu einer dicken Grütze geworden ist.
- Sofort Knoblauch, Tomaten, Nüsse, Rosinen, Käse und Kräuter unterrühren.
- Wenn nötig, salzen und pfeffern.
- Die Masse ein bis zwei Zentimeter hoch in eine feuerfeste runde Form oder einen Teller (25 bis 30 cm Durchmesser) drücken.
- Den Kuchen eine Weile stocken lassen.
- Dann mit Öl bepinseln und im vorgeheizten Ofen bei 250 °C 5 bis 10 Minuten überbacken oder grillen, bis er etwas Farbe bekommt.
- Den Kuchen in Tortenstücke schneiden – so passt die Weihnachtspolenta als kleines Gericht auf dem Büfett. Oder den Kuchen in Würfel schneiden und als Salatzutat verwenden. Das macht einen Salat sättigend und lecker.

Überbackene Pastinaken

Griljerade palsternackor

Pastinaken haben einen wunderbaren süßen und ländlichen Geschmack. Eine richtige Winterleckerei! Überbacken Sie einige und locken Sie mit ihnen an die Weihnachtstafel.

Für 4 bis 6 Portionen
2 – 3 Pastinaken, möglichst groß
Wasser zum Kochen der Pastinaken
2 EL oder 1 Würfel Gemüsebrühe
Butter oder Rapsöl für die Auflaufform
50 – 70 g Semmelbrösel
2 Eigelbe von glücklichen Hühnern
2 EL Senf
50 – 80 g Walnüsse, gehackt
1 EL flüssiger Honig
Kräutersalz
frisch gemahlener schwarzer Pfeffer

❄ Die Pastinaken schälen und im kochenden Wasser mit Gemüsebrühe garen. Nicht zu weich kochen.
❄ Die Pastinaken aus der Brühe nehmen. Eine feuerfeste Auflaufform einfetten und die Pastinaken hineinlegen.
❄ Semmelbrösel im Mixer mit Eigelb, Senf, Walnüssen und Honig zu einer geschmeidigen Masse verrühren. Salzen und pfeffern.
❄ Die Pastinaken mit der Eimischung bestreichen oder bepinseln und im vorgeheizten Ofen bei 250 °C einige Minuten überbacken, bis sie Farbe bekommen.

Warme Suppen, Gemüsegerichte und Weihnachtsreis

Varma soppor, grönsaksrätter och julgröt

Adventstopf mit Weißkohl und Mandeln

Adventsgryta

Kohl ist in Schweden ein echtes Weihnachtsessen. Kochen Sie einen wärmenden Adventstopf mit Weißkohl und ganzen Mandeln!

Für 4 bis 6 Portionen
3 Porreestangen, fein geschnitten
3 Knoblauchzehen, geschält und fein gehackt
1 kleine Chilischote, fein gehackt
3 EL Rapsöl
800 – 900 g klein gehackte Tomaten aus dem Glas
4 EL oder 2 Würfel Gemüsebrühe
200 g Weißkohl, in feine Streifen geschnitten
2 rote Paprika, in Streifen geschnitten
100 g grüne Erbsen
400 g Räuchertofu oder anderer Tofu nach Wahl, gut abgetropft und gewürfelt
100 g ganze Mandeln
4 – 6 EL Senf
etwas Sojasauce
Kräutersalz
frisch gemahlener schwarzer Pfeffer
3 – 4 EL Maisstärke zum Binden

❄ In einer großen Kasserolle Porree, Knoblauch und Chili im Rapsöl anbraten.
❄ Tomaten, Gemüsebrühe, Weißkohl, Paprika, Erbsen, Tofu und Mandeln hinzufügen. Alles unterrühren.

* Senf, Sojasauce, Kräutersalz und Pfeffer dazugeben und unterrühren.
* Maisstärke zum Gemüse geben und unterrühren.
* Das Gemüse bei kleiner Hitze 10 bis 15 Minuten kochen lassen.
* Mit Naturreis oder gekochten Kartoffeln essen.

Der große, laute Weihnachtsmann kam erst im 19. Jahrhundert aus Deutschland und England in den Norden. Er wohnt am Nordpol, während auf den schwedischen Höfen seit vielen hundert Jahren kleine, graue Hauskobolde wohnen.

Grünkohlsuppe mit Kräutersauce

Grönkålssoppa med örtsås

Frischer Grünkohl ist eine wichtige Zutat beim Kochen und Backen in der Weihnachtszeit. Leider gibt es ihn – so nützlich, gut und grün! – in Schweden nur an Weihnachten frisch zu kaufen. Nach einem herrlichen langen Winterspaziergang oder einer Skitour im Wald schmeckt eine Grünkohlsuppe gut. Gerne mit etwas Kräutersauce.

Für 4 bis 6 Portionen

250 g frischer oder tiefgefrorener Grünkohl
4 Kartoffeln, geschält und
in kleine Stückchen geschnitten (320 – 400 g)
2 Zwiebeln, geschält und gehackt
3 – 4 Knoblauchzehen, geschält und fein gehackt
1 mittelscharfe Chilischote, fein gehackt
3 – 4 EL (oder mehr) Butter zum Braten
1 l kräftige Gemüsebrühe
400 ml süße Sahne oder Sojasahne
Cayennepfeffer
frisch gemahlener schwarzer Pfeffer
2 – 3 EL Maisstärke zum Binden

Kräutersauce

400 g Crème fraîche
2 – 3 Knoblauchzehen, geschält und gepresst
35 – 70 g frische oder tiefgefrorene gemischte Kräuter
wie Thymian, Estragon, Salbei, sehr klein gehackt
Kräutersalz
frisch gemahlener schwarzer Pfeffer

- Den Grünkohl fein hacken.
- In einer großen Kasserolle Grünkohl, Kartoffelstückchen, Zwiebeln, Knoblauch und Chili in der Butter einige Minuten braten. Währenddessen ununterbrochen rühren.
- Brühe und Sahne oder Sojasahne dazugießen und umrühren. Mit Cayennepfeffer und schwarzem Pfeffer nach Geschmack würzen.
- Maisstärke zur Suppe geben und unterrühren. Die Suppe 20 bis 30 Minuten köcheln lassen.
- Alle Zutaten für die Kräutersauce miteinander verrühren und kalt stellen, bis die Suppe serviert wird.
- Grünkohlsuppe portionsweise mit Kräutersauce garnieren.

Erbsensuppe für Donnerstage

Ärtsoppa på torsdag

Erbsensuppe ist zwar kein ausgesprochenes Weihnachtsgericht, aber ein herrliches Winteressen, das man gern zusammen mit Punsch genießt. Der Tradition entsprechend essen wir immer donnerstags Erbsensuppe – sehr oft mit Pfannkuchen zum Nachtisch (siehe Seite 112).

Für 4 bis 6 Portionen

500 g getrocknete gelbe Erbsen
Einweichwasser für die Erbsen
etwas Meersalz
2 Zwiebeln, geschält und gehackt
2 Knoblauchzehen, geschält und gehackt
2 – 3 EL Butter
1,5 l Wasser
4 – 6 EL oder 2 – 3 Würfel Gemüsebrühe
2 TL getrockneter Majoran
2 TL getrockneter Thymian
2 Lorbeerblätter

- Die Erbsen in Salzwasser 6 bis 8 Stunden einweichen.
- Das Wasser abgießen.
- Zwiebeln und Knoblauch in der Butter bei kleiner Hitze anbraten, mit dem Wasser begießen und die Gemüsebrühe dazugeben.
- Die eingeweichten Erbsen hinzufügen und zusammen mit den Gewürzen und den Lorbeerblättern 60 bis 90 Minuten kochen.
- Erbsensuppe heiß servieren, gern mit frischem Thymian und heißem *Glögg* (siehe Seite 122)!

Brühe fürs Brot

Vegetariskt dopp i grytan

Wenn der Weihnachtsschinken gekocht wird, bildet sich eine dicke Fleischbouillon, in die man Brot taucht – *Dopp i grytan.* In Schweden ist das eine der berühmtesten und ältesten Weihnachtstraditionen – Brot in diese Bouillon, »in den Topf« zu tauchen. Deshalb heißt der Weihnachtsabend, der 24. Dezember, *dopparedagen* – Tauchtag. Hier bereiten wir ein vegetarisches *Dopp i grytan!*

Für 4 bis 6 Portionen

1 l Wasser
4 – 6 EL oder 2 – 3 Würfel Gemüsebrühe
4 mittelgroße Kartoffeln, geschält und in Scheiben geschnitten (320 – 400 g)
2 rote Zwiebeln, geschält und in Spalten geschnitten
2 Zwiebeln, geschält und in Spalten geschnitten
6 – 10 Knoblauchzehen, geschält
4 Lorbeerblätter
2 – 3 EL getrockneter Majoran
2 – 3 EL getrockneter Thymian
frisch gemahlener schwarzer Pfeffer
50 ml Rapsöl

❄ Wasser und Gemüsebrühe in eine Kasserolle geben und zusammen mit dem Gemüse, den Kräutern und dem Pfeffer 60 Minuten kochen.
❄ Das Gemüse mit den Kräutern abseihen und das Öl in die zurückgebliebene Brühe rühren.
❄ Die Brühe direkt aus dem Topf servieren und Brot hineintunken, gerne Bierwürzbrot (siehe Seite 80).

Halländischer Grünkohl

Halländsk långkål

Vor langer Zeit war die Landschaft Halland im Südwesten Schwedens dänisch, aber seit wir uns im Jahre 1658 im Rahmen des Friedensschlusses von Roskilde einig wurden, verstehen wir uns gut und alles ist verziehen. Und in Halland kann man an Weihnachten nicht ohne Grünkohl leben!

Für 4 bis 6 Portionen

1 l kräftige Gemüsebrühe
250 – 300 g frischer Grünkohl (am besten!)
oder tiefgefrorener Grünkohl, gehackt
3 – 5 EL Butter
200 ml süße Sahne
Kräutersalz
frisch gemahlener schwarzer Pfeffer
1 TL Honig oder Vollrohrzucker

- ❄ Die Gemüsebrühe aufkochen, den Grünkohl dazugeben und einige Minuten leicht köcheln lassen.
- ❄ Den Grünkohl herausnehmen und auf einem Küchentuch oder Papier abtropfen lassen.
- ❄ Die Butter bei kleiner Hitze vorsichtig zerlassen und die Sahne einrühren.
- ❄ Den Grünkohl dazugeben und vorsichtig bei kleiner Hitze köcheln lassen, bis die Sahne eingekocht ist. Während des Kochens mit Kräutersalz, schwarzem Pfeffer und etwas Honig oder Zucker abschmecken.
- ❄ Den Grünkohl am besten warm genießen!

Braunkohl aus Skåne

Brunkål från Skåne

Skåne ist eine Provinz in Südschweden, geprägt durch Wiesen, lichte Wälder, Getreide- und Gemüseanbau. In Südschweden gibt es viele Bauernhöfe mit großen Gemüse- und Kräutergärten, in denen verschiedene Kohlsorten, Kartoffeln, Mohrrüben und andere Rüben, Zwiebeln und Hülsenfrüchte wie gelbe Erbsen wachsen.

Für 4 bis 6 Portionen

1 kg Weißkohl, in Streifen geschnitten
4 EL Butter
Kräutersalz
frisch gemahlener schwarzer Pfeffer
4 EL dunkler süßer Sirup oder Melasse
400 ml Gemüsebrühe

- In einer großen Bratpfanne vorsichtig die Weißkohlstreifen mit Butter, Salz und Pfeffer anbraten.
- Die gebratenen Kohlstreifen in eine feuerfeste Auflaufform schichten.
- Sirup oder Melasse und Brühe darübergießen.
- Im vorgeheizten Ofen bei 200 °C etwa 45 Minuten backen.

Eine alte Weihnachtstradition ist es, kleine Gewürznelken in verschiedenen Mustern in Apfelsinen zu stecken. Die Apfelsinen liegen oder hängen dann als duftender Schmuck im Haus.

Pyttipanna mit Wurzelgemüse

Pyttipanna med rotsaker

Pyttipanna (englisch *put in a pan,* alles in eine Pfanne geben) ist ein beliebtes schwedisches Gericht, zubereitet aus Resten vom Vortag. Zu Weihnachten verwenden wir für diese Leibspeise köstliches, frisches Wurzelgemüse mit erdigem Geschmack und angenehmer Süße.

Für 4 bis 6 Portionen

3 EL Rapsöl
3 EL Butter
500 ml Wasser
1 TL Kräutersalz
frisch gemahlener schwarzer Pfeffer
100 g Champignons, gehackt
1 rote Zwiebel, geschält und fein gehackt
1 Porreestange, in dünne Scheiben geschnitten
3 Knoblauchzehen, geschält und fein gehackt
200 g Steckrübe, sehr fein gehackt
100 g Wurzelsellerie, sehr fein gehackt
100 g Mohrrüben, sehr fein gehackt
300 g Kartoffeln, geschält und sehr fein gehackt
100 g grüne Erbsen
200 g Räuchertofu oder Tofu nach Wahl, abgetropft und in kleine Stückchen geschnitten
1 rote Paprika, gehackt
2 EL getrockneter Thymian

❄ Öl, Butter, Wasser, Kräutersalz und schwarzen Pfeffer in eine heiße Pfanne geben.

❄ Alles zerlassen, dann Pilze, Zwiebel, Porree und Knoblauch dazugeben und einige Minuten anbraten.

❄ Dann alles Gemüse bis auf die Paprika dazugeben und bei kleiner Hitze unter ständigem Rühren braten, bis die kleinen Gemüsestückchen weich sind.

❄ Am Ende den Tofu, die Paprika und den Thymian hinzufügen und alles gut mischen.

❄ Sofort servieren. Viele essen Pyttipanna mit gebratenem Ei!

Weihnachten ist jene Zeit, zu der Furcht einflößende, übernatürliche Wesen aktiv sind. Ein Mistelzweig über der Eingangstür kann ein Schutz sein. In neuerer Zeit ist es zur Tradition geworden, sich zu küssen, wenn man sich unter dem Mistelzweig trifft!

Haselnussbällchen mit Kreuzkümmel und Aprikosen

Hasselnötsbullar med kummin och aprikoser

Köttbullar, Fleischbällchen, sind auf der Weihnachtstafel in Schweden sehr beliebt. Vegetarier bereiten sich ihre Bällchen aus gemahlenen Haselnüssen und Reis. Das ergibt eine herrliche Masse, der wir hier mit Gewürzen und getrockneten Aprikosen besonderen Pfiff verleihen. Man kann die Bällchen auch mit Brotkrumen und geriebenem Käse zubereiten.

Für etwa 30 kleine Bällchen

250 g Vollkornreis
Wasser zum Kochen des Reises
2 – 4 EL oder 1 – 2 Würfel Gemüsebrühe
200 g Haselnüsse, gemahlen
2 Kartoffeln, gekocht, geschält und zerdrückt
100 – 200 ml kräftige Gemüsebrühe
100 g getrocknete Aprikosen, in kleine Stückchen geschnitten
2 Knoblauchzehen, geschält und fein gehackt
Kräutersalz
frisch gemahlener schwarzer Pfeffer
2 – 3 TL Kreuzkümmelsamen oder gemahlener Kreuzkümmel
Rapsöl oder Butter zum Braten

- Den Naturreis wie auf der Verpackung angegeben in Wasser mit Gemüsebrühe kochen.
- Dann den Reis mit den gemahlenen Haselnüssen, den gekochten Kartoffeln und der Gemüsebrühe zu einer geschmeidigen Masse verarbeiten. Am besten geht das in der Küchenmaschine.

- Aprikosen, Knoblauch, Kräutersalz und alle Gewürze unterrühren.
- Kleine Bällchen formen.
- Die Bällchen im Fett bei schwacher Hitze braten.
- Genießen Sie die Haselnussbällchen mit einer Pilzsauce (siehe Seite 52).

Pilzsauce

Svampsås

Für 4 bis 6 Portionen

400 g frische Pfifferlinge oder andere frische Pilze (oder Pilze aus dem Glas)
2 EL Rapsöl oder Butter zum Braten
etwas Wasser
3 – 4 Knoblauchzehen, geschält und klein geschnitten
200 ml süße Sahne oder Sojasahne
300 ml Milch
2 EL oder 1 Würfel Gemüsebrühe
3 EL Maisstärke zum Binden
Meersalz
frisch gemahlener schwarzer Pfeffer
eventuell 2 EL Kognak

❄ Die Pilze hacken und einige Minuten bei kleiner Hitze in Rapsöl oder Butter und in etwas Wasser braten.
❄ Den Knoblauch dazugeben und weiterbraten.
❄ Sahne oder Sojasahne, Milch, Gemüsebrühe und Maisstärke unterrühren.
❄ Alles ein paar Minuten köcheln lassen.
❄ Mit Meersalz, schwarzem Pfeffer und eventuell etwas Kognak abschmecken.

Vollkornbulgur mit Schafskäse

Fullkornsbulgur med fårost

Auf einem schwedischen *Smörgåsbord* (siehe Seite 64) oder einer schwedischen Weihnachtstafel sind sättigende Salate beliebt. Hier bereiten wir einen Salat mit Weihnachtsnüssen, Vollkornbulgur und schmackhaftem, gesundem Kürbiskernöl zu. Bulgur ist vorgekochter, zerkleinerter und getrockneter Durumweizen. Am besten die Vollkornvariante verwenden.

Für 4 bis 6 Portionen
450 g Vollkornbulgur
Wasser zum Kochen des Bulgurs
50 – 100 ml Kürbiskernöl
2 Knoblauchzehen, geschält und fein gehackt
50 g Walnüsse, gehackt
50 g Paranüsse guter Qualität, gehackt
50 g Haselnüsse, gehackt
500 g Cocktailtomaten, halbiert
100 g Rucola
10 – 20 Knoblauchzehen in Öl, abgetropft (oder nach Geschmack)
100 g Schafskäse nach Art von Feta, klein zerkrümelt

❄ Den Bulgur mit Wasser wie auf der Verpackung angegeben zubereiten.
❄ Den Topf von der Herdplatte nehmen und das Kürbiskernöl und den gehackten Knoblauch hinzufügen. Gut umrühren.
❄ Dann vorsichtig Nüsse, Tomatenhälften, Rucola und eingelegte Knoblauchzehen untermischen.
❄ In einer schönen Schüssel anrichten und mit den Schafskäsekrümeln bestreuen.

Kartoffelpüree mit Safran und Nüssen

Potatismos med saffran och nötter

Weil Weihnachten immer schon ein Fest des Luxus und des Überflusses war, wurde der teure Safran vor allem zu Weihnachten verwendet – und wird es bis heute. Weihnachtstraditionen sind stark! Das köstliche gelbe Kartoffelpüree passt hervorragend zu Haselnussbällchen (siehe Seite 50)! Die Nüsse verleihen dem weichen Brei eine herrliche Konsistenz.

Für 4 bis 6 Portionen

12 mittelgroße Kartoffeln, geschält und in kleine Stückchen geschnitten (960 g – 1,2 kg)
200 – 300 ml kräftige Gemüsebrühe
3 – 5 Knoblauchzehen, geschält und gepresst
200 ml süße Sahne
2 EL Butter
1 g Safranpulver (2 Tütchen), in etwas Wasser gelöst
50 g Walnüsse, gehackt
50 g Paranüsse guter Qualität, gehackt
50 g Haselnüsse, gehackt
Kräutersalz
frisch gemahlener schwarzer Pfeffer

- ❄ Die Kartoffeln in die kochende Gemüsebrühe geben und kochen lassen, bis sie weich sind. Das geht ziemlich schnell.
- ❄ Die Brühe in eine kleine Schüssel abgießen.
- ❄ Knoblauch, Sahne und Butter unter die Kartoffeln rühren und den Brei dann luftig aufschlagen.
- ❄ Safran und gehackte Nüsse unterrühren. Eventuell noch etwas Brühe dazugeben, wenn das Püree zu fest sein sollte.
- ❄ Salzen und pfeffern.

Im nordischen Volksglauben ist der Hausgeist, der Wichtel, ein kleines Schutzwesen, das Haus und Hof beschützt. Der Hauswichtel ist grau gekleidet mit grauem Bart und wohnt oft im Kuhstall oder in der Scheune.

Weihnachtsmilchreis mit Zimtzucker

Julgröt met kanel

Julgröt ist ein wichtiges Weihnachtsgericht in Schweden, das sowohl die Menschen als auch die Wichtel lieben. Ein alter Brauch ist es, eine Mandel in den Milchreis zu geben. Wer die Mandel bekommt, so heißt es, wird im kommenden Jahr heiraten. Oder aber er oder sie darf sich etwas wünschen.

Für 4 bis 6 Portionen
180 g Rundkornvollkornreis
etwas Butter
400 ml Wasser
1 Zimtstange
eventuell ½ – 1 TL Meersalz
800 – 900 ml Milch
eventuell 1 Mandel
gemahlener Zimt
Vollrohrzucker

- Den Reis abspülen und einige Minuten in einer Kasserolle in etwas Butter unter ständigem Rühren andünsten.
- Das Wasser dazugießen, die Zimtstange und nach Geschmack Salz hinzufügen und alles 30 Minuten oder länger kochen lassen, bis das meiste Wasser eingekocht ist.
- Das übrige Wasser abgießen und die Zimtstange herausnehmen.
- Nun die Milch darübergießen und alles bei kleiner Hitze weitere 15 Minuten kochen, bis der Reis eine gute Breikonsistenz hat – eventuell noch etwas mehr Milch dazugeben. Oft umrühren. Am Schluss eventuell eine Mandel in den Reis geben.
- Mit Zimt und Vollrohrzucker servieren.

Salate, Eingelegtes und Smörgåstorte

Sallader, inläggningar och smörgåstårta

Apfelsinensalat

Apelsinsallad

Apfelsinen und Clementinen sind in dunklen, nordischen Ländern beliebte Weihnachtsfrüchte. Ein zitrusduftender und Vitamin-C-reicher frischer Salat gibt uns Kraft in der Dunkelheit und Kälte des Mittwinters.

Für 4 bis 6 Portionen

6 Apfelsinen, geschält und in Stückchen geschnitten
6 Clementinen, geschält und in Schnitze geschnitten
2 Grapefruits, geschält und in Stückchen geschnitten
2 reife Mangos, geschält, entkernt und in dünne Spalten geschnitten
50 g Sonnenblumensprossen
50 g Rucola
150 g Walnüsse, gehackt
100 ml unverdünnter Moosbeeren- oder Granatapfelsaft
1 EL getrockneter Rosmarin
etwas flüssiger Honig
100 g Pinienkerne oder geröstete Sonnenblumenkerne

❄ Alle Früchte, Sonnenblumensprossen, Rucola, Walnüsse, Saft und Rosmarin in einer großen, schönen Schüssel mischen.
❄ Den flüssigen Honig darübergeben und mit Pinienkernen oder Sonnenblumenkernen bestreuen.

Vegetarischer Sillsallad

Sillsallad

Sillsallad ist ein typisches kleines Gericht auf dem schwedischen Weihnachtsbüfett, ein Salat mit Roter Bete und Hering. Hier eine Version ohne Hering, die unvergleichlich lecker schmeckt!

Für etwa 4 Portionen

250 g Rote Bete, gekocht und geschält oder aus dem Glas, sehr klein gehackt (5 × 5 mm)
100 g Kartoffel, gekocht, geschält und sehr klein gehackt
50 g Essiggurke, sehr klein gehackt
50 g rote Zwiebel, geschält und sehr klein gehackt
50 g Apfel – gerne rot –, sehr klein gehackt
300 g saure Sahne
2 – 3 EL Senf
Kräutersalz

❄ Alle Zutaten in einer Schüssel mischen.

Grünkohlsalat mit Kartoffeln und Halloumikäse

Grönkålssallad med kokt potatis och Halloumiost

Frieren Sie den leckeren Grünkohl zur Weihnachtszeit ein. Frisch gibt es ihn nur zu dieser Zeit, jedenfalls in Schweden. Zusammen mit gekochten Kartoffeln wird daraus ein sättigender, leckerer Salat. Halloumikäse ist eine Spezialität aus Zypern. Es handelt sich um einen mittelfesten Käse, aus Schafsmilch, Schafs- und Ziegenmilch oder aus Kuhmilch, oft mit Minze. Würzig, etwas salzig und äußerst delikat! Der Käse ist vor allem in türkischen und arabischen Lebensmittelgeschäften, aber auch im gut sortierten Supermarkt erhältlich.

Für etwa 4 Portionen

200 – 300 ml kräftige Gemüsebrühe zum Kochen der Kartoffeln und des Grünkohls
6 – 7 mittelgroße Kartoffeln, geschält und klein gewürfelt (500 – 700 g)
300 g frischer Grünkohl, fein gehackt
1 rote Zwiebel, geschält und in feine Ringe geschnitten
2 Knoblauchzehen, geschält und gehackt
3 – 4 Birnen, entkernt und in Stückchen geschnitten
200 g Halloumikäse, Schafskäse nach Art von Feta oder Emmentaler, gewürfelt
100 g Walnüsse, gehackt
45 g frische oder tiefgefrorene gemischte Kräuter wie Thymian, Basilikum, fein gehackt
frisch gemahlener schwarzer Pfeffer
eventuell etwas Parmesan, gehobelt

- Gemüsebrühe zum Kochen bringen, dann die Kartoffelwürfel und den Grünkohl hineingeben. Zum Kochen der Kartoffeln und des Grünkohls braucht man nur wenige Zentimeter Brühe. Wenn man die Kartoffeln in wenig Flüssigkeit kocht und sie auch erst dann in den Topf gibt, wenn die Brühe bereits kocht, schont man Vitamine!
- Die Kartoffelwürfel und den Grünkohl weich kochen. Das dauert nur wenige Minuten.
- Die Kartoffeln und den Grünkohl in eine große Schüssel geben und etwa 100 ml der Brühe darübergießen.
- Zwiebel, Knoblauch, Birnen, Halloumikäse, Walnüsse und Kräuter dazugeben und alles gut mischen.
- Etwas schwarzen Pfeffer und eventuell etwas gehobelten Parmesan darübergeben.

Julotta, die Christmette in der Kirche am Weihnachtsmorgen, ist eine Tradition, die sich immer noch hält. Heutzutage beginnt die Julotta gegen sieben Uhr, eine etwas angenehmere Zeit als früher, als die Feier bereits um vier Uhr anfing und die Menschen einen weiten Weg mit Pferd oder Schlitten zurückzulegen hatten. Früher glaubten viele, die Toten hätten vor der eigentlichen Christmette eine eigene Feier in der Kirche. Wenn man still und vorsichtig hineinginge, könnte man vielleicht einige der Toten sehen!

Handgestampfter Rotkohlsalat mit Früchten

Handstampad rödkålssallad med frukt

Rotkohl zusammen mit reichlich Früchten und Schafskäse kann auch jemanden, der Kohl nicht mag, auf den Geschmack bringen. Wenn man den Rotkohl presst und stampft, wird er saftig und gut.

Für etwa 4 Portionen

1 kleiner Kopf Rotkohl (600 – 700 g)
50 ml Kürbiskernöl
1 – 2 TL Flockensalz (Meersalz in Flocken)
3 Apfelsinen, geschält und in Schnitze oder Stückchen geschnitten
3 Birnen, entkernt und in Spalten oder Stückchen geschnitten
100 g Rosinen
200 g Schafskäse nach Art von Feta, gewürfelt
100 g Kürbiskerne

❄ Den Rotkohl in sehr feine Streifen schneiden und in eine große Schüssel geben.
❄ Öl und Salz darübergeben und den Kohl mit den Händen pressen und »stampfen«, bis er saftig wird. Am besten dünne Plastikhandschuhe dazu anziehen.
❄ Apfelsinen, Birnen, Rosinen und Schafskäse vorsichtig untermischen.
❄ Die Kürbiskerne vorsichtig und unter ständigem Rühren in einer heißen Pfanne rösten.
❄ Den Salat mit den Kürbiskernen bestreuen.

Tomatensalat mit Cashewnüssen und Bananen

Tomtatsallad med cashewnötter och banan

Ein einfacher Salat, aber sehr lecker und schön anzusehen! Tomaten erleben eine Renaissance, seit Forscher bestätigt haben, wie gesund die roten Früchte sind. Am besten ökologische Tomaten kaufen, die zudem besser schmecken!

Für 4 bis 6 Portionen

500 g rote Cocktailtomaten, halbiert
500 g gelbe Cocktailtomaten, halbiert
2 rote Zwiebeln, geschält und in dünne Ringe geschnitten
3 Limetten
200 g Cashewnüsse
etwa 100 ml Kürbiskernöl
5 Bananen, geschält und in Stückchen geschnitten
frische Basilikumblätter

❄ Tomaten und Zwiebelringe in eine große Schüssel geben und gut mischen.
❄ Die Limetten auspressen und die Cashewnüsse unter ständigem Rühren in der heißen Pfanne rösten.
❄ Kürbiskernöl, den Saft der Limetten, Cashewnüsse und Bananenstücke zu den Tomaten geben und vorsichtig untermischen.
❄ Frisches Basilikum darauf verteilen.

Rot-grüne Smörgåstorte

Rödgrön smörgåstårta

Eine Smörgåstorte mit Pep, Ballaststoffen und Lebenskraft. Helles und dunkles Brot geschichtet ergibt eine spannende Kombination. Rot und Grün sind die Weihnachtsfarben! *Smörgås* bedeutet so viel wie Butterbrot – die Smörgåstorte ist also eine Butterbrottorte, aber keine einfache, sondern eine äußerst verlockende Variante! Das *Smörgåsbord,* ein Büfett, zu dem es nicht nur vielfältig belegte Brote gibt, sondern auch viele andere leckere Kleinigkeiten, hat seinen Ursprung in dem Brauch, einen Gast mit belegten Broten und Schnaps willkommen zu heißen.

Für 6 bis 8 Portionen

12 Scheiben helles Vollkornbrot, dünn geschnitten (je etwa 10 cm im Quadrat)
6 Scheiben dunkles Roggenbrot, dünn geschnitten (je etwa 10 cm im Quadrat)

Füllung mit Avocado

4 weiche Avocados, geschält, entkernt und in Stücke geschnitten
45 g frische oder tiefgefrorene gemischte Kräuter wie Thymian, Basilikum, Estragon, fein gehackt
150 g Schafskäse nach Art von Feta
100 g Walnüsse, fein gehackt
3 EL Zitronensaft
Kräutersalz
frisch gemahlener schwarzer Pfeffer

Füllung mit Tomate
3 Tomaten, in Stücke geschnitten
100 g sonnengetrocknete Tomaten in Öl, abgetropft und grob zerkleinert
3 – 4 EL Chilisauce
2 Knoblauchzehen, geschält und fein gehackt
Kräutersalz
frisch gemahlener schwarzer Pfeffer

Oberste Schicht
200 g streichfähiger weicher Ziegenkäse
Rucola
Sonnenblumensprossen
Cocktailtomaten, halbiert
Walnüsse, ganz oder halbiert
Paranüsse guter Qualität, ganz oder halbiert
1 kleiner Apfel, entkernt und in dünne Spalten geschnitten

- In der Küchenmaschine oder im Mixer aus den Zutaten für die Avocadofüllung und aus den Zutaten für die Tomatenfüllung getrennt voneinander jeweils eine geschmeidige Masse rühren.
- Die Hälfte der hellen Brotscheiben dicht nebeneinander auf einen großen flachen Teller legen. Brot so schneiden, dass es auf den Teller passt.
- Die Avocadofüllung darauf verstreichen.
- Mit dem zurechtgeschnittenen Roggenbrot bedecken.
- Die Tomatenfüllung darauf verstreichen.
- Mit den übrigen hellen Brotscheiben bedecken.
- Die Torte mit Ziegenkäse bestreichen und mit Rucola, Sonnenblumensprossen, Tomatenhälften, Walnüssen, Paranüssen und Apfelspalten in schönen Mustern üppig dekorieren.
- Die Torte vor dem Servieren einige Stunden durchziehen lassen.

Eingelegte Aubergine in Sahnesauce

Inlagd aubergine

Eingelegtes unterschiedlicher Art hat einen festen Platz auf der schwedischen Weihnachtstafel, insbesondere Eingelegtes mit Hering. Für Vegetarier bietet sich statt Fisch die verführerisch schöne lilafarbene Aubergine an.

Für etwa 4 Portionen
1 – 2 Auberginen (etwa 300 g)
Rapsöl für das Blech
50 ml Raps- oder Olivenöl
Meersalz
10 Knoblauchzehen, geschält und in Scheibchen geschnitten (oder nach Geschmack)
2 rote Zwiebeln, geschält und in Ringe geschnitten
200 g Crème fraîche
3 – 4 EL Chilisauce
Kräutersalz
frisch gemahlener weißer Pfeffer

❄ Die Auberginen längs in lange, dünne Scheiben schneiden (Auberginen gegebenenfalls vorher nach Belieben schälen, wenn sie nicht aus Bioanbau stammen).
❄ Die Auberginenscheiben auf ein gefettetes Blech legen, mit Öl bepinseln und salzen.

- Die Auberginen im vorgeheizten Ofen bei 225 °C 10 bis 15 Minuten grillen, bis sie etwas Farbe bekommen und weich werden. Aus dem Ofen nehmen und etwas abkühlen lassen.
- Knoblauch und Zwiebeln mit Crème fraîche, Chilisauce, Kräutersalz und weißem Pfeffer zu einer Sauce verrühren.
- Die abgekühlten Auberginen in die Sauce geben und mischen.
- In eine schöne Glasschale geben und im Kühlschrank aufbewahren. Hält mindestens eine Woche.

Ob man einen Wichtel auf seinem Hof hat, kann man herausbekommen, indem man einen Teller Grütze nach draußen stellt. Wenn am nächsten Morgen die Grütze fort ist, gibt es einen Wichtel. Man darf es ruhig ein paar Mal ausprobieren.

Marinierte Kichererbsen in Kürbiskernöl

Marinerade kikärtor

Marinierte Kichererbsen sind eine einfache und gute Kleinigkeit für die Weihnachtstafel. Kichererbsen enthalten jede Menge wertvolles Eiweiß und Kohlenhydrate. Am besten getrocknete Kichererbsen verwenden und selbst kochen. Konservierte Kichererbsen aus dem Glas sind ebenfalls gut, sie sind innen aber meistens mehliger als selbst gekochte.

Für etwa 4 Portionen
300 g getrocknete Kichererbsen
Wasser zum Einweichen und Kochen der Kichererbsen
4 – 6 EL oder 2 – 3 Würfel Gemüsebrühe

Marinade
100 ml Kürbiskernöl
100 ml Apfelsinensaft
50 ml Balsamico-Essig
4 Knoblauchzehen, geschält und in Scheiben geschnitten
10 Gewürznelken
2 rote Zwiebeln, geschält und in dünne Ringe geschnitten

❄ Die Kichererbsen über Nacht in Wasser einweichen, Einweichwasser abgießen und die Kichererbsen dann in frisch zubereiteter Gemüsebrühe kochen, wie auf der Verpackung angegeben.
❄ Die Zutaten für die Marinade in einem schönen Glas oder einer Schüssel mischen.
❄ Die gekochten, heißen Kichererbsen hineingeben und mit der Marinade mischen.
❄ Abkühlen lassen.
❄ Im Kühlschrank aufbewahren.

Eingelegtes Gemüse

Inlagda grönsaker

Eingelegtes Gemüse ist ein leckeres kleines Gericht auf dem Weihnachtsbüfett. Und unkompliziert herzustellen.

Für 4 Portionen

400 g Mohrrüben, in dünne Stäbchen geschnitten
10 Schalotten oder Silberzwiebeln, geschält und halbiert
3 rote Zwiebeln, geschält und
in Scheiben (Ringe) geschnitten
6 – 8 Knoblauchzehen, geschält und halbiert
3 EL Rapsöl oder Butter
200 ml Essig
200 ml Wasser
200 g Vollrohrzucker
10 Gewürznelken
10 Pimentkörner (Nelkenpfefferkörner), zerdrückt
3 Lorbeerblätter
20 Wacholderbeeren

- In einer Pfanne Mohrrüben, Zwiebeln und Knoblauch mit Öl oder Butter vorsichtig wenige Minuten braten.
- Dann Essig, Wasser, Zucker, Nelken, Pimentkörner, Lorbeerblätter und Wacholderbeeren unterrühren. Alles 3 bis 5 Minuten vorsichtig köcheln lassen. Das Gemüse sollte bissfest bleiben.
- Alles in ein großes Glasgefäß mit Deckel geben, abkühlen lassen und im Kühlschrank lagern.

Grünkohlpesto

Grönkålspesto

Pesto ist das italienische Wort für Sauce. Üblicherweise wird Pesto mit Basilikum hergestellt. In der dunklen Winterzeit des Nordens passt es gut, stattdessen frischen Grünkohl zu nehmen. Gut zu Pasta und Brot oder als Beilage.

Für 1 mittelgroßes Glas
100 g frischer Grünkohl, geputzt
5 Knoblauchzehen, geschält
100 g Walnüsse oder Pinienkerne
280 g Parmesan oder anderer kräftiger Käse, fein gerieben
100 – 150 ml Oliven- oder Kürbiskernöl
warmes Wasser nach Bedarf
1 Scheibe Brot nach Bedarf

❄ Alle Zutaten in der Küchenmaschine zu einer geschmeidigen Sauce verarbeiten. Wird sie zu fest, noch etwas Öl oder warmes Wasser (nicht aus der Leitung!) hinzufügen. Wird sie zu flüssig, eine Schreibe Brot hineinkrümeln.

Brot und würziger Aufstrich

Bröd och pålägg

Bagels mit Haselnüssen und roten Zwiebeln

Bagels med hasselnötter och rödlök

Vermutungen sagen, dass Bagels jüdischen Ursprungs sind. Inzwischen haben sie sowohl die USA als auch Europa erobert. Der Unterschied zwischen herkömmlichem Brot und Bagels ist, dass Bagels vor dem Backen leicht gekocht werden, deshalb werden sie so herrlich zähweich. Bagels mit Haselnüssen können zu einer neuen Weihnachtstradition werden!

Für 12 bis 15 Bagels

500 ml lauwarmes Wasser
2 EL Meersalz
50 g frische Hefe
1 EL Honig
100 g Haselnüsse, fein gehackt,
gerne zunächst in einer Pfanne leicht geröstet
1 rote Zwiebel, geschält und fein gehackt
680 – 780 g gesiebtes Dinkel- oder Weizenmehl
3 – 5 l Wasser zum Kochen der Bagels
Mohn, Sesamsamen oder Kürbiskerne zum Bestreuen

- ❄ Wasser, Salz, Hefe und Honig in einer Schüssel verrühren.
- ❄ Haselnüsse und Zwiebeln mischen und unter das Hefewasser rühren.
- ❄ So viel Dinkel- oder Weizenmehl einarbeiten, dass ein geschmeidiger, nicht zu trockener Teig entsteht.
- ❄ Den Teig 30 Minuten gehen lassen.

- Den Teig auf einem Backbrett kneten und dann zwölf bis fünfzehn Stücke daraus schneiden.
- Die Stückchen zu Bällen formen, etwas plattdrücken und mit dem Finger in die Mitte jedes Bällchens ein Loch drücken. Die Brötchen jeweils um den Finger kreisen lassen, bis das Loch drei bis vier Zentimeter breit ist und sich ein Teigring bildet.
- Die Teigringe etwa 15 Minuten gehen lassen. Währenddessen in einem großen Topf das Wasser mit etwas Salz zum Kochen bringen.
- Jeweils drei bis vier Ringe in das kochende Wasser geben. Sie kommen schnell an die Oberfläche. Etwa 4 Minuten kochen lassen, öfter wenden.
- Aus dem Salzwasser nehmen und die nassen Bagels mit Mohn, Sesam oder Kürbiskernen bestreuen.
- Im vorgeheizten Ofen bei 225 °C 20 bis 25 Minuten backen.
- Bagels quer halbieren und mit Käse und Grünkohl belegen. Oder mit Linsenpaste (siehe Seite 60). Oder mit *Morost* (siehe Seite 87).

Cheddarkranz mit Safran

Cheddarkrans med saffran

Cheddar ist als Weihnachtskäse sehr beliebt. Ein Brotkranz, gefüllt mit kräftigem Cheddar und Haselnüssen, passt gut auf die Weihnachtstafel!

Für 1 großen Kranz

Teig

etwa 400 g gesiebtes Dinkel- oder Weizenmehl
200 ml Milch oder Wasser, lauwarm
0,5 g Safranpulver (1 Tütchen), in etwas Wasser gelöst
25 g frische Hefe
1 Ei von einem glücklichen Huhn
1 EL flüssiger Honig

Käsefüllung

2 rote Zwiebeln, geschält und fein gehackt
2 Knoblauchzehen, geschält und fein gehackt
2 EL Rapsöl
100 g Haselnüsse, gehackt
100 g Cheddar, fein gerieben
50 g Mohn
2 Eier von glücklichen Hühnern, verquirlt
frisch gemahlener schwarzer Pfeffer
Kräutersalz

Rapsöl für das Blech
1 Ei von einem glücklichen Huhn, verquirlt
Mohn zum Bestreuen

- ❄ Alle Zutaten für den Teig zu einem geschmeidigen Teig verarbeiten und diesen 30 Minuten gehen lassen.
- ❄ In einer Pfanne Zwiebeln und Knoblauch einige Minuten auf kleiner Flamme im Rapsöl anbraten. Die Pfanne vom Herd nehmen.
- ❄ Haselnüsse, Cheddar, Mohn und Eier dazugeben und alles gut vermischen.
- ❄ Mit schwarzem Pfeffer und Kräutersalz abschmecken.
- ❄ Den Teig zu einem großen Rechteck ausrollen (etwa 40 cm lang, 30 cm breit) und die Füllung gleichmäßig darauf verteilen.
- ❄ Teig aufrollen und zu einem runden Kranz formen. Die Enden sorgfältig zusammenfügen. Den Kranz mit dem Teigschluss, der »Naht«, nach unten auf ein gefettetes oder mit Backpapier belegtes Backblech legen.
- ❄ Mit dem verquirlten Ei bestreichen und reichlich mit Mohn bestreuen.
- ❄ Den Kranz einige Male einschneiden und etwa 20 Minuten gehen lassen.
- ❄ Im vorgeheizten Ofen bei 200 °C etwa 30 Minuten backen.
- ❄ Schmeckt warm wie kalt.

Hauchdünnes rundes Knäckebrot

Knäckebröd

Knäckebrot ist ein typisch nordisches Brot, und fünfundachtzig Prozent der schwedischen Haushalte haben Knäckebrot in ihrem Schrank. Knäckebrot ist hart und enthält wenig Wasser, wodurch es lange haltbar ist. Das war früher in den armen schwedischen Bauernhäusern sehr wichtig. Zu Weihnachten steht immer Knäckebrot auf dem Tisch. Dieses Brot ist einfach zu backen und überaus lecker!

Für 8 bis 9 runde Knäckebrote

300 ml Milch, lauwarm
25 g frische Hefe
1 EL Kreuzkümmelsamen
2 TL gemahlener Fenchel
2 TL gemahlener Anis
1 EL Meersalz
1 EL Honig
250 g gesiebtes Dinkelvollkornmehl
180 – 200 g Roggenmehl
30 g Leinsamen, geschrotet
Rapsöl für das Blech
Sesamsamen und Flockensalz (Meersalz in Flocken) zum Bestreuen

❄ Milch und Hefe in einer Schüssel mischen.
❄ Alle Gewürze, Salz und Honig unterrühren.
❄ Dinkelmehl, Roggenmehl und geschroteten Leinsamen unterrühren.

- Zu einem ziemlich harten Teig verarbeiten.
- Eine Stunde gehen lassen.
- Den Teig in acht bis neun Teile teilen, jedes Teigstück zu einem runden Fladen (20 cm Durchmesser) fast papierdünn ausrollen und auf ein gefettetes Backblech legen.
- Teigstücke mit einer Gabel einstechen und mit Wasser bepinseln. Mit Sesam und etwas Flockensalz bestreuen.
- Knäckebrote im vorgeheizten Ofen bei 250 °C 8 bis 9 Minuten backen. Darauf achten, dass sie nicht verbrennen!

In der Weihnachtsnacht können die Haustiere sprechen! Früher war es wichtig, sich zu Weihnachten gut um die Tiere zu kümmern. Die Haustiere bekamen Extrafutter und die Vögel eine Garbe Hafer.

Weiches Fladenbrot

Tunnbröd

Weiches Fladenbrot ist sehr wichtig in Schweden, besonders in den nördlichen Teilen des Landes. Am besten sollte das Brot in einem holzbefeuerten Steinofen gebacken werden. Wenn man Fladenbrot zu Hause hat, kann man immer eine Mahlzeit zaubern. Man kann es beliebig füllen, mit fein geriebenem Gemüse, gehackten Nüssen, in Scheiben geschnittenem Obst und verschiedenen Käsesorten. Einfach und göttlich lecker ist Fladenbrot gefüllt mit gekochten kalten Kartoffeln, roten Zwiebeln und Butter.

Für 20 bis 22 Fladen
1 l Milch, Haferdrink oder Sojadrink
100 ml Rapsöl oder zerlassene Butter
25 g frische Hefe
1 TL Hirschhornsalz
1 EL Kräutersalz
2 – 3 EL flüssiger Honig
780 – 840 g gesiebtes Weizenvollkornmehl
etwa 180 g grobes Weizenvollkornmehl oder -schrot
150 g gesiebtes Weizenmehl
100 g Roggenmehl

❄ Milch, Hafer- oder Sojadrink und Öl oder Butter lauwarm werden lassen und in eine große Schüssel oder in die Küchenmaschine geben.

- Hefe, Hirschhornsalz, Kräutersalz und Honig einrühren.
- 700 bis 750 g des gesiebten Weizenvollkornmehls, das grobe Weizenvollkornmehl, das Weizen- und das Roggenmehl dazugeben und alles zu einem geschmeidigen Teig verarbeiten. Der Teig soll etwas locker sein – wenn er zu feucht ist, das restliche gesiebte Weizenvollkornmehl dazugeben. Ansonsten den Rest des gesiebten Mehls zum Ausrollen und für die Hände verwenden.
- Den Teig etwa 60 Minuten gehen lassen.
- Den Ofen auf die höchste Temperatur von 275 bis 300 °C vorheizen.
- Den Teig in zwanzig bis zweiundzwanzig Stücke teilen.
- Nacheinander jeweils ein oder zwei Teigstücke – je nach Größe des Backblechs – ausrollen (2 bis 3 mm dünn). Mit der Gabel einstechen.
- Immer einen oder zwei Fladen auf ein Backblech legen und etwa 3 Minuten backen. Aufpassen, dass sie nicht braun und damit hart werden. Wenn es doch passiert – halb so schlimm: Auch hartes Brot ist lecker!
- Fertige Fladen auf einen Rost legen und mit einem Handtuch bedecken, während die übrigen Fladen nacheinander gebacken werden.
- Achtung! Nie ungebackene Fladen auf ein heißes Blech legen, sonst können sich in den Fladen Blasen bilden!

Bierwürzbrot

Vörtbröd

Bierwürzbrot ist ein typisch schwedisches Weihnachtsbrot, ohne das viele Schweden nicht sein können. *Vört* ist ein Zwischenprodukt bei der Bierherstellung – es ist die gemälzte Flüssigkeit, der dann der Hopfen zugesetzt wird. In Schweden gibt es *Vört* auch in Form einer fertigen Gewürzmischung zu kaufen. Wenn man diese nicht bekommt, kann man genauso gut Weihnachtsgewürze nehmen wie in diesem Rezept. Viele tunken am Weihnachtsabend, am *dopparedagen* (Tauchtag), Würzbrot in die Brühe vom Kochen des Weihnachtsschinkens (siehe auch Seiten 13 und 45).

Für 1 Brot oder 2 kleine Brote

50 g Butter
1 Flasche (330 ml) Malzbier
300 – 350 g Roggenmehl
50 g frische Hefe
120 g dunkler Sirup
120 – 140 g Rosinen
2 EL abgeriebene Orangenschale
1 EL Ingwerpulver
1 EL gemahlene Gewürznelken
1 EL Kräutersalz
300 – 350 g gesiebtes Weizenmehl

❄ Die Butter bei kleiner Hitze zerlassen, dann das Bier dazugeben.

❄ Die warme Mischung über das Roggenmehl gießen und einige Stunden ruhen lassen, bis alles lauwarm oder kälter ist.

❄ Hefe, Sirup, Rosinen und alle Gewürze unterrühren.

❄ So viel Weizenmehl einarbeiten, dass ein geschmeidiger Teig entsteht.

❄ Aus dem Teig einen oder zwei Laibe formen und etwa 45 Minuten gehen lassen.

❄ Das Brot auf dem Backblech im vorgeheizten Ofen bei 200 °C etwa 40 Minuten backen. Mit Backpapier bedecken, wenn es zu braun wird. Mit einer Holznadel (Stricknadel) prüfen, ob das Brot innen gar ist – wenn kein Teig mehr an der Nadel klebt, ist das Brot fertig.

In vorchristlicher Zeit passierten zu Mittwinter merkwürdige Dinge und die Menschen hatten Angst vor bösen Wesen, vor bösem Zauber und bösen Vorzeichen. Die Wölfe im Gefolge der wilden Jagd der Naturkräfte ritten auf Wolken, die Elfen tanzten und man blickte in die Zukunft.

Faulenzerbrot

Latmansbröd

Manchmal ist die Zeit zu Weihnachten knapp. Dann kann man zum Brotbacken eine fertige Brotbackmischung verwenden und ein wunderbares Weihnachtsbrot daraus zaubern. Einfach eine Brotbackmischung kaufen, eine grobe Sorte wie Roggen- oder Vollkornbrot, und jede Menge herzgesunde Nüsse und Trockenfrüchte hineinrühren.

Für 1 bis 2 Brote
reichlich getrocknete Feigen, gehackt
reichlich getrocknete Aprikosen, gehackt
reichlich Paranüsse guter Qualität, gehackt
reichlich Walnüsse, gehackt
1 Packung fertige Brotbackmischung
eventuell 1 EL abgeriebene Orangenschale
eventuell 1 TL gemahlener Zimt
Hefe, je nach Anleitung der Backmischung
Milch oder Wasser, je nach Anleitung der Backmischung
1 Ei von einem glücklichen Huhn, verquirlt, oder Joghurt zum Bestreichen
Kürbiskerne zum Bestreuen

❄ So viele Früchte und Nüsse unter die fertige Mehlmischung rühren, wie man möchte. Wenn man es extra gewürzt möchte, auch Orangenschale und Zimt in die Mischung rühren.
❄ Mit Hefe und Flüssigkeit den Angaben auf der Tüte folgen.
❄ Das Brot in eine schöne Form legen, Weihnachten zu Ehren, zum Beispiel in eine schöne runde Zuckerkuchenform.
❄ Vor dem Backen mit verquirltem Ei oder Joghurt bepinseln und reichlich mit gesunden Kürbiskernen bestreuen.
❄ Backen, wie auf der Tüte angegeben.

Gefüllter Nusslaib

Nötlimpa

Für 1 Nusspastete

225 g gemischte Nüsse wie Erdnüsse, Haselnüsse, Mandeln, Paranüsse guter Qualität, fein gehackt oder gemahlen
100 g Brotkrümel aus Vollkornbrot
1 Zwiebel, geschält und gehackt
3 – 4 Knoblauchzehen, geschält und gehackt
2 EL Rapsöl
2 Eier von glücklichen Hühnern
200 ml Gemüsebrühe, kalt
Meersalz
frisch gemahlener schwarzer Pfeffer
50 g frische oder 3 EL getrocknete gemischte Kräuter
Fett für die Form
4 Tomaten, in Scheiben geschnitten
200 g Hartkäse, in Scheiben geschnitten
einige Scheiben Hartkäse zum Belegen

❄ Nüsse und Krümel mischen.
❄ Zwiebel und Knoblauch vorsichtig im Rapsöl anbraten, dann mit der Nuss-Krümel-Masse mischen.
❄ Eier und so viel Gemüsebrühe unterrühren, dass eine feste Masse entsteht. Salz, Pfeffer und Kräuter unterrühren.
❄ Die Hälfte der Nussmasse in eine gefettete Kastenform (30 cm lang) geben.
❄ Tomatenscheiben und Käse auf die Masse legen. Die restliche Krümelmasse auf die Tomaten-Käse-Füllung geben. Käsescheiben zum Belegen auf die zweite Krümel-Nuss-Lage legen.
❄ Nusspastete im vorgeheizten Ofen bei 200 °C 30 Minuten backen.

Pizzaschnecken mit Grünkohl und Ziegenkäse

Pizzasnurror med grönkål och getost

Kleine Pizzaschnecken auf schwedische Art mit wunderbarem Weihnachtsgrünkohl, Ziegenkäse und viel gesundem Knoblauch! Eingelegter Knoblauch ist milder als frischer Knoblauch, insbesondere wenn er wie hier gebacken wird – man kann die Zehen fast wie Bonbons essen.

Für 15 bis 18 Stück

Pizzateig
500 ml kaltes Wasser
3 EL Olivenöl
20 g frische Hefe
1 TL Meersalz
720 – 780 g gesiebtes Dinkelmehl

Grünkohlfüllung
Wasser zum Kochen des Kohls
300 g frischer Grünkohl
10 – 30 Knoblauchzehen in Öl (oder nach Geschmack)
200 – 300 ml kräftige Chilisauce
200 g Ziegenkäse, in dünne Scheiben geschnitten
2 rote Zwiebeln, geschält und in dünne Ringe geschnitten
1 Porreestange, in dünne Ringe geschnitten
100 g Walnüsse, fein gehackt
45 g frische oder 3 EL getrocknete Kräuter wie Basilikum, Thymian, Oregano, fein gehackt
Rapsöl für das Blech
1 Ei von einem glücklichen Huhn, verquirlt
etwas Käse wie Emmentaler, Edamer, gerieben

- Alle Teigzutaten zu einem geschmeidigen Teig verarbeiten, am besten in der Küchenmaschine. Mindestens 2 Stunden bei Raumtemperatur gehen lassen. Oder über Nacht im Kühlschrank.
- Das Wasser für den Kohl zum Kochen bringen. Den Grünkohl für 3 bis 4 Minuten in das kochende Wasser geben. Herausnehmen und sofort mit kaltem Wasser abspülen. In feine Streifen schneiden.
- Den Knoblauch auf Küchenpapier legen und abtropfen lassen.
- Den Teig zu einer großen Platte ausrollen (30 cm breit, 40 cm lang).
- Die Chilisauce darauf verstreichen.
- Mit Grünkohl, Knoblauchzehen, Ziegenkäse, Zwiebeln, Porree, Walnüssen und Kräutern bedecken.
- Die Teigplatte zusammenrollen und in Scheiben schneiden, jeweils etwa zwei Zentimeter dick.
- Schnecken auf ein gefettetes Backblech legen oder in großen Papierförmchen (etwa 8 cm Durchmesser) auf das Backblech legen. Die Schnecken mit Ei bestreichen und mit etwas geriebenem Käse bestreuen.
- Im vorgeheizten Ofen bei 225 °C etwa 15 Minuten backen.

Früher stellte man den Weihnachtsbaum in Schweden auf den Tisch. Heute steht er fast immer auf dem Boden. Die Tradition, einen Weihnachtsbaum zu schmücken, kam aus Deutschland nach Schweden.

Linsenpaste

Linspastej

Verschiedene Dips und Pasteten auf der Weihnachtstafel sind lecker, entweder als Beilage oder als Belag auf dem Brot. Eine traditionelle Pastete zur Weihnachtszeit ist Leberpastete. Diese Linsenpaste schmeckt viel besser!

Für 1 mittelgroßes Glas
225 g getrocknete rote Linsen
Wasser zum Kochen der Linsen
1 EL Ingwer, frisch gerieben
2 TL gemahlener Kreuzkümmel
150 ml Kürbiskern- oder Olivenöl
200 ml Wasser
2 – 3 EL Zitronensaft
⅓ TL Cayennepfeffer
Kräutersalz

- ❄ Die Linsen abspülen und nach Packungsanweisung in Wasser sehr weich kochen.
- ❄ Die gekochten Linsen mit Ingwer, Kreuzkümmel, Öl, Wasser und Zitronensaft zu einer geschmeidigen Masse verrühren oder am besten in der Küchenmaschine mischen.
- ❄ Mit Cayennepfeffer und Kräutersalz würzen.
- ❄ Abgedeckt im Kühlschrank aufbewahren.

Morost

Morost

Morost ist ein leckerer und gesunder Käsebelag. Der Name ist ein schwedisches Wortspiel mit den Wörtern *morot* (Mohrrübe) und *ost* (Käse) – Mohrrübenkäse.

Für 1 kleine runde Schüssel
200 g Mohrrüben, fein gerieben
100 g kräftiger Käse wie Cheddar, Maasdamer, Emmentaler, fein gerieben
45 g frische oder 3 EL getrocknete gemischte Kräuter nach Geschmack, fein gehackt
2 EL Butter
frisch gemahlener schwarzer Pfeffer
etwas frisch geriebener Muskat

- Alle Zutaten zu einer geschmeidigen Paste verarbeiten, am besten mit dem Mixer oder in der Küchenmaschine.
- Den Morost in eine kleine runde Schüssel drücken und anschließend als Halbkugel auf eine Platte stürzen.

Lucia, das Lichterfest am 13. Dezember, ist ein wichtiges Fest in Schweden. Die weiß gekleidete Lucia mit Kerzenkranz auf dem Kopf und ihre weiß gekleideten Jungfern singen Weihnachtslieder und verbreiten an diesem dunklen Dezembermorgen elf Nächte vor Weihnachten Licht im ganzen Land.

Potkäs

Potkäs

Potkäs – Topfkäse – ist ein althergebrachter Käseaufstrich aus geriebenem Käse und Schnaps. Er passt gut zu den verschiedenen Käsen auf der Weihnachtstafel. Beliebt sind an Weihnachten der runde, rote Edamerkäse und Cheddar – Whiskycheddar, Kognakcheddar, Branntweincheddar ...

Für 1 kleine Schüssel

200 g kräftiger Käse wie Cheddar, gerieben
100 g milder Käse, gerieben
50 g Blauschimmelkäse, gerieben
50 ml süße Sahne
50 g weiche Butter
2 EL Kognak
2 EL Kreuzkümmelsamen
Kräutersalz
frisch gemahlener schwarzer Pfeffer

- ❄ Alle Käsesorten mit Sahne, Butter, Kognak, Kreuzkümmel, Salz und Pfeffer verrühren. Oder in der Küchenmaschine mixen.
- ❄ Den Potkäs in eine Schüssel mit Deckel füllen und mindestens einen Tag im Kühlschrank durchziehen lassen.
- ❄ Lecker zum Weihnachts- und Knäckebrot.

Kuchen, Pfefferkuchen und süße Brötchen

Kakor, pepparkakor och söta bröd

Lussekatzen

Lussekatter

Ab Lucia, dem Lichterfest am 13. Dezember, gibt es in Schweden *Lussekatter* (»Lussekatzen«, »Luciakatzen«) oder einfache *Lussebullar* (»Luciabrötchen«), süßes Hefegebäck, das häufig mit leuchtend gelbem Safran gebacken wird. Das Gebäck kann sehr unterschiedlich geformt sein – als Spirale, Doppelspirale oder mehrfach nebeneinandergelegt als »Lockenkopf« (in Schweden sagen wir »Pfarrerlocke«). Safran ist ein wichtiges Weihnachtsgewürz. Teuer wie Gold und schön wie die Sonne!

Für etwa 30 Stück

150 g Butter
1 g Safranpulver (2 Tütchen)
500 ml Milch
100 g Quark oder Joghurt
50 g frische Hefe
½ TL Meersalz
120 g Honig oder heller Sirup
900 – 1000 g gesiebtes Dinkel- oder Weizenmehl
2 TL Backpulver oder Hirschhornsalz
Rosinen
Rapsöl für das Blech
1 Ei von einem glücklichen Huhn, verquirlt

❄ Die Butter mit dem Safran bei kleiner Flamme zerlassen, die Milch dazugeben und alles lauwarm abkühlen lassen. Oder ganz abkühlen lassen, wenn der fertige Teig als »kalter Teig« über Nacht im Kühlschrank gehen soll, bevor er geformt und gebacken wird.

- Quark oder Joghurt, Hefe, Salz und Honig oder Sirup in die lauwarme oder abgekühlte Mischung rühren.
- Mehl mit Backpulver oder Hirschhornsalz mischen. So viel Mehl in die Milchmischung einarbeiten, dass ein geschmeidiger Teig entsteht. Nicht zu viel Mehl nehmen, den Teig lieber etwas lockerer bereiten als zu fest.
- Den Teig geschmeidig rühren und 60 Minuten im Warmen oder über Nacht im Kühlschrank gehen lassen.
- Den Teig auf ein Backbrett legen, leicht kneten, in etwa dreißig Stücke teilen und diese zu Stängen rollen. Spiralen, Doppelspiralen oder einfache Brötchen aus dem Teig formen.
- Rosinen in die Spiralenmittelpunkte drücken.
- Lussekatzen auf ein gefettetes Backblech legen und mit verquirltem Ei bepinseln. Etwa 15 Minuten gehen lassen.
- Im vorgeheizten Ofen bei 225 bis 250 °C etwa 8 Minuten backen.
- Dann die Lussekatzen aus dem Ofen und vom Blech nehmen und mit einem Tuch bedecken, damit sie schön weich bleiben.

Käsekuchen aus Småland

Ostkaka

Alle großen Feste brauchen einen Käsekuchen auf dem Tisch! Käsekuchen mit oder ohne Boden, serviert mit Schlagsahne und roter Marmelade, ist eine traditionsreiche Spezialität aus Småland, einer Provinz in Südschweden. Am 14. November feiert man in Schweden sogar den Tag des Käsekuchens!

Für 1 Kuchen
350 ml Vollmilch (nur pasteurisiert, nicht homogenisiert)
10 ml (1 knapper EL) Zitronensaft
3 Eier von glücklichen Hühnern
2 Eigelbe von glücklichen Hühnern
100 g Vollrohrzucker
300 ml süße Sahne
45 g gesiebtes Dinkel- oder Weizenmehl
100 g Mandeln, fein gehackt
2 Bittermandeln, fein gerieben
Butter oder Rapsöl für die Form

- ❄ Milch in einem Topf zum Kochen bringen. Wenn die Milch im Topf zu steigen beginnt, den Zitronensaft einrühren und mit einem Kochlöffel aus Holz umrühren. Es bilden sich weiße Käseklumpen und gelbe Molke. Wenn die Molke noch nicht klar ist, noch einmal leicht aufkochen lassen und – falls nötig – noch ein paar Tropfen Zitronensaft hineinträufeln.
- ❄ Käsetuch in einen Durchschlag oder in ein großes Sieb legen und die Masse in den Durchschlag oder das Sieb geben, sodass die Molke ablaufen kann. Wenn man will, lässt sich die Molke zum Brotbacken verwenden!

- Die Käsemasse im Tuch kurz unter fließendes kaltes Wasser halten, Tuch an den Enden zusammenknoten, aufhängen und gut abtropfen lassen.
- Die Masse anschließend in eine Schüssel geben und umrühren, bis sie körnig wird.
- Eier, Eigelb, Zucker und Sahne in einer großen Schüssel schaumig schlagen. Mehl und gehackte und geriebene Mandeln unterheben.
- Dann die Käsemasse unterrühren.
- Eine runde feuerfeste Form (etwa 2 l Inhalt) einfetten und die Masse hineingeben.
- Den Käsekuchen im vorgeheizten Ofen bei 175 °C etwa 60 Minuten backen. Mit Backpapier bedecken, wenn er zu braun wird.
- Den Käsekuchen nach dem Backen am besten einen Tag stehen und reifen lassen.
- Mit Schlagsahne und selbst gekochter Marmelade servieren.

Weicher Pfefferkuchen mit Preiselbeeren und Safranglasur

Pepparkaka (mjuk) med lingon och saffransglasyr

Weicher Pfefferkuchen mit Preiselbeerkonfitüre und Weihnachtsgewürzen ist ein beliebter Kuchen aus Großmutters Zeiten.

Für 1 Kuchen

2 Eier von glücklichen Hühnern
200 g Vollrohrzucker
150 g saure Sahne
1 TL Ingwerpulver
1 TL gemahlene Gewürznelken
1 TL gemahlener Zimt
1 TL Natron
½ TL Backpulver
180 g gesiebtes Weizenmehl
50 g Butter, zerlassen
etwa 60 g Preiselbeerkonfitüre
Butter und Semmelbrösel für die Form

❄ Die glücklichen Eier mit dem Zucker cremig rühren.
❄ Die saure Sahne unterrühren.
❄ Alle Gewürze, Natron und das Backpulver mit dem Mehl mischen und vorsichtig unter die Masse rühren.
❄ Zum Schluss die zerlassene Butter und die Preiselbeerkonfitüre unterrühren.
❄ Eine längliche Form (etwa 1,5 l Inhalt) einfetten und mit Semmelbröseln bestäuben. Die Masse einfüllen.
❄ Im vorgeheizten Ofen bei 175 °C etwa 45 Minuten backen.
❄ Den Kuchen abkühlen lassen und aus der Form stürzen.

❄ Wenn man will, kann man den Kuchen noch etwas weihnachtlicher machen, indem man ihn mit einer Safranglasur überzieht!

Safranglasur
125 g milder Frischkäse
50 g Butter
80 g Puderzucker
0,5 g Safranpulver (1 Tütchen), in etwas Wasser gelöst

❄ Alle Zutaten sorgfältig miteinander verrühren und den erkalteten Kuchen damit überziehen.

Schokoladenbällchen mit Erdnussbutter

Chokladbollar med jordnötssmör

Genießen Sie diese Schokoladen-Erdnuss-Bällchen spät in der Weihnachtsnacht, wenn nur noch der Wichtel wach ist. Nehmen Sie statt Margarine, einem Industrieprodukt, Butter und kalt gepresste Öle. Oder gesunde Erdnussbutter wie hier! Am besten sollte man reine Erdnussbutter kaufen, die nur aus Erdnüssen und Meersalz besteht. Viele billige Sorten im Handel enthalten verschiedene Zusätze und gehärtete Fette.

Für etwa 15 Bällchen

Bällchen

100 g reine Erdnussbutter
120 g Haferflocken
100 g Vollrohrzucker
3 EL flüssiger Honig
etwa 50 ml Milch
50 g Bitterschokolade guter Qualität, geschmolzen

Überzug

50 – 100 g Vollmilchschokolade guter Qualität, geschmolzen

❄ Alle Zutaten für die Bällchen in der Küchenmaschine zu einer geschmeidigen Masse verarbeiten. Ist die Masse zu trocken, etwas Milch hinzufügen, ist sie zu flüssig, mehr Haferflocken unterrühren.

❄ Fünfzehn Bällchen formen und zum Überziehen in die geschmolzene Schokolade tauchen.

Feigenbällchen

Fikonbollar

Getrocknete Feigen sind echte Weihnachtsfrüchte, die in dieser Zeit oft auf dem Süßigkeitentisch stehen. Hier bereiten wir herrliche, in Schokolade getauchte Fruchtbällchen zu. Gut, sie als Extraenergie in einer kleinen Tüte auf dem langen Weihnachtsspaziergang dabeizuhaben!

Für 25 bis 30 Bällchen

Bällchen

200 g getrocknete Feigen
Wasser zum Einweichen der Feigen
200 g Bitter- oder Vollmilchschokolade guter Qualität, geschmolzen
160 – 240 g Haferflocken

Überzug

100 g Bitter- oder Vollmilchschokolade guter Qualität, geschmolzen

- Die Feigen einige Stunden in Wasser einweichen.
- Dann das Wasser abgießen, die Feigen pürieren und mit der Schokolade und so viel Haferflocken verrühren, dass eine so feste Masse entsteht, dass sich Bällchen daraus formen lassen. Bällchen formen.
- Die Bällchen mit der geschmolzenen Schokolade überziehen und kalt stellen.

Weihnachtslebkuchen

Julpepparkakor

Lebkuchen oder Pfefferkuchen backt man schon seit Jahrhunderten. Im Mittelalter enthielten sie Pfeffer, der aber später meistens aus den Rezepten verschwand. Pfefferkuchen werden in Schweden den ganzen Dezember über gegessen. Zu *Glögg* oder Kaffee. Oder mit Gorgonzola und Feigenkonfitüre. Der Legende nach wird man freundlich vom Pfefferkuchenessen!

Für 100 bis 150 Stück
250 g Butter
200 g Vollrohrzucker
250 g dunkler Sirup
200 ml Wasser oder süße Sahne
1 EL gemahlener Zimt
1 EL gemahlener Kardamom
1 EL gemahlene Gewürznelken
1 EL abgeriebene Orangenschale
2 TL Ingwerpulver
720 – 780 g gesiebtes Dinkel- oder Weizenmehl
1 EL Natron
Rapsöl für das Blech

❄ Butter, Zucker, Sirup und Wasser oder süße Sahne in einem Topf erwärmen und mischen.
❄ Alle Gewürze dazugeben und verrühren.
❄ Mehl und Natron mischen und in die weiche Butter-Zucker-Masse rühren. Den Teig besser zu locker als zu fest werden lassen. Deshalb das Mehl am besten nach und nach dazugeben und etwas Mehl übrig lassen, wenn der Teig zu fest wird.

- Den Lebkuchenteig in Frischhaltefolie wickeln und mindestens 8 Stunden kalt stellen.
- Den Teig portionsweise auf einer bemehlten Fläche zu einer dünnen Platte ausrollen (den übrigen Teig jeweils im Kühlschrank lassen) und Pfefferkuchen ausstechen: Herzen, Engel, Weiblein und Männlein.
- Pfefferkuchen auf einem gefetteten Backblech im vorgeheizten Ofen bei 200 °C 6 bis 7 Minuten backen.
- Achtung! Nie ungebackene Pfefferkuchen auf ein heißes Blech legen, sonst können sich in den Pfefferkuchen Blasen bilden.

Es gibt nicht nur Hauswichtel, es gibt auch kleine, graue Waldwichtel, die manchmal eine rote Mütze tragen. Sie sind trotz der roten Mütze schwer zu entdecken, weil sie sich meist in den Schatten bewegen und wie die Hauswichtel bei Nacht arbeiten.

Weihnachtszwieback

Julskorpor

Skorpor sind harte, getrocknete Weißbrot- oder Kuchenscheiben, ein anständiges schwedisches Kaffeebrot, von dem es heißt, es sei 1718 die Geheimwaffe von König Karl XII auf einem Feldzug gegen Norwegen gewesen. Wenn der König in Fredrikshall nicht erschossen worden wäre, hätten die Schweden die Norweger – dank *Skorpor!* – besiegt. *Skorpor* halten sich lange und konnten den Soldaten so über lange Zeit als Nahrung dienen.

Für 15 bis 20 Stück (8 – 10 cm Durchmesser)
2 Eier von glücklichen Hühnern
200 g Vollrohrzucker
280 – 350 g gesiebtes Dinkel- oder Weizenmehl
1 TL Backpulver
150 g Mandeln, zur Hälfte gemahlen, zur Hälfte gehackt
1 TL Meersalz
100 g dunkle Bitterschokolade guter Qualität, gehackt
1 TL gemahlener Zimt
1 TL gemahlener Kardamom
½ TL gemahlene Gewürznelken
Rapsöl für das Blech

❄ Die Eier und den Zucker verquirlen.
❄ In einer Schüssel Mehl, Backpulver, Mandeln, Salz, Schokolade und Gewürze mischen und die Mehlmischung dann unter die Eiermasse rühren.

❄ Aus dem Teig flache Laibe formen, jeweils acht bis zehn Zentimeter breit und ein Zentimeter dick.
❄ Auf gefetteten Backblechen im vorgeheizten Ofen bei 200 °C etwa 15 Minuten backen.
❄ Die Laibe herausnehmen und in Stücke schneiden, jeweils drei bis vier Zentimeter breit.
❄ Anschließend die Stückchen auf dem Backblech liegend im vorgeheizten Ofen bei etwa 100 °C 30 bis 40 Minuten trocknen lassen.
❄ Die Skorpor abkühlen lassen.

Der alte graue Wichtel, der Haus und Heim beschützt, will an jedem Weihnachtsabend einen Teller mit Grütze auf der Treppe stehen haben. Am liebsten mit einem Stich Butter.

Weihnachtsmuffins mit verstecktem Marzipan

Julmuffins med marsipangömma

In diesen Muffins ist Marzipan versteckt! Marzipan wird in der schwedischen Weihnachtsküche für viele gute Sachen verwendet.

Für 12 große Muffins
100 g Rosinen
50 ml Kognak
150 g Marzipanrohmasse
100 g Butter
200 g Vollrohrzucker
3 Eier von glücklichen Hühnern
200 – 225 g gesiebtes Dinkel- oder Weizenmehl
100 g dunkle Bitterschokolade guter Qualität, fein gehackt
50 g Orangeat, gehackt
2 TL Backpulver
2 TL Vanillezucker
2 TL gemahlener Zimt
½ TL gemahlene Gewürznelken
½ TL Ingwerpulver
⅓ TL frisch geriebene Muskatnuss

❄ Die Rosinen einige Stunden im Kognak ziehen lassen.
❄ Aus dem Marzipan zwölf Marzipankugeln formen.
❄ Butter und Zucker zu einer cremigen Masse verrühren, dann die Eier unterrühren.
❄ Rosinen und Kognak untermischen.

❄ In einer anderen Schüssel Mehl, Schokolade, Orangeat, Backpulver, Vanillezucker und Gewürze mischen und dann alles unter die Eiermasse rühren.

❄ Zwölf große Muffinförmchen aus Papier in die Vertiefungen eines Muffinbleches setzen. So behalten die Muffins ihre Form besser als in Papierförmchen auf einem normalen Backblech. Die Hälfte des Teiges gleichmäßig auf die Förmchen verteilen.

❄ In jede Form eine Marzipankugel drücken und gleichmäßig mit dem übrigen Teig bedecken.

❄ Muffins im vorgeheizten Ofen bei 225 °C etwa 15 Minuten backen. Muffins werden schnell zu trocken, deshalb besser etwas zu früh herausnehmen als zu spät.

Pfefferkuchenmuffins mit Weihnachtsstreuseln

Pepparkaksmuffins med julströssel

Weicher Pfefferkuchen schmeckt genauso wie die kleineren Weihnachtspfefferkuchen besonders gut zu Weihnachten. Hier als Muffins mit weihnachtlich duftenden Streuseln obendrauf.

Für 8 große Muffins
Muffinteig
2 Eier von glücklichen Hühnern
200 g Vollrohrzucker
200 g saure Sahne
50 g Butter, zerlassen
60 g Preiselbeerkonfitüre
240 – 300 g gesiebtes Weizenmehl
1 TL Natron
1 TL Backpulver
2 TL Ingwerpulver
3 TL gemahlene Gewürznelken
3 TL gemahlener Zimt

Streuselmasse
150 g gesiebtes Weizenmehl
80 g Haferflocken
75 g Vollrohrzucker
100 g Butter
2 TL gemahlener Zimt
1 TL gemahlener Kardamom
1 ½ TL gemahlene Gewürznelken

- ❄ Für den Muffinteig Eier und Zucker cremig rühren.
- ❄ Saure Sahne, zerlassene Butter und Preiselbeerkonfitüre vorsichtig unterrühren.
- ❄ Mehl mit Natron, Backpulver und allen Gewürzen mischen und vorsichtig unter die Masse heben.
- ❄ Acht große Muffinförmchen aus Papier in die Vertiefungen eines oder zweier Muffinbleche setzen. So behalten die Muffins ihre Form besser als in Papierförmchen auf einem normalen Backblech. Teig gleichmäßig auf die Förmchen verteilen.
- ❄ Alle Zutaten für die Streusel mit einer Gabel zu einem krümeligen Teig verarbeiten.
- ❄ Die Streusel über die Muffinmasse in den Formen geben.
- ❄ Muffins im vorgeheizten Ofen bei 225 °C etwa 15 Minuten backen.

Gefüllte Marzipan-Sahne-Brötchen

Semlor

Wir schwelgen jeden Winter in *Semlor*. *Semlor* sind kein Weihnachtsgericht, das weiß jeder Schwede. Eigentlich sollen sie erst zur Fastenzeit im Februar gegessen werden. Aber die schwedischen Bäcker verkaufen die *Semlor* von Jahr zu Jahr früher, manchmal schon direkt nach Weihnachten. Oder – zur Verärgerung vieler – sogar schon ab dem zweiten Weihnachtstag. Es ist so, als sei das Auftauchen von *Semlor* in den Bäckereien zu einem Zeichen dafür geworden, dass Weihnachten vorbei ist.

Für etwa 15 Stück

50 g Butter
300 ml Milch, lauwarm
50 g frische Hefe
100 g Joghurt (10 % Fett)
½ TL Meersalz
120 g flüssiger Honig
1 TL Hirschhornsalz
600 – 660 g gesiebtes Weizenmehl
1 Ei von einem glücklichen Huhn, verquirlt
Rapsöl für das Blech

Füllung

400 g Marzipanrohmasse
Wasser
100 g Walnüsse, gehackt
500 ml süße Sahne

Puderzucker zum Bepudern

- Die Butter zerlassen, zur Milch gießen und lauwarm abkühlen lassen.
- Die Hefe unterrühren, dann Joghurt, Salz, Honig und Hirschhornsalz.
- So viel Mehl unterrühren, dass ein ziemlicher lockerer Teig entsteht, und den Teig etwa 30 Minuten gehen lassen.
- Den Teig auf ein Backbrett legen, mit etwas Mehl gut durchkneten und in 15 Stücke schneiden. Glatte Brötchen daraus formen und auf einem gefetteten Backblech etwa 30 Minuten gehen lassen.
- Brötchen mit verquirltem Ei bepinseln und im vorgeheizten Ofen bei 225 °C 8 bis 10 Minuten backen.
- Die Marzipanrohmasse fein reiben, mit Wasser zu einer geschmeidigen Masse verarbeiten und gehackte Walnüsse unterarbeiten.
- Von den Brötchen jeweils einen Deckel abschneiden, jedes Brötchen in der Mitte etwas aushöhlen und mit Marzipanmasse füllen.
- Die Sahne steifschlagen und auf jede Marzipanfüllung einen Klecks davon geben.
- Die Brötchendeckel auf die Sahne legen und mit Puderzucker bestäuben.

Gefüllte Schokoladenbrötchen

Chokladsemlor

Heutzutage backt man verschiedene moderne *Semlor:* Schokoladensemlor sind eine neue und unglaublich leckere Variante!

Für etwa 15 Stück

- Dem Rezept für *Semlor* (Gefüllte Marzipan-Sahne-Brötchen, siehe Seite 106) folgen, die Butter jedoch zusammen mit 50 g dunkler Bitterschokolade guter Qualität zerlassen.
- Dann die Brötchen wie beschrieben zubereiten.
- 400 g Haselnussmus mit etwas Wasser verrühren (sollte die Masse zu trocken sein) und 2 EL Kakao hinzufügen.
- 500 ml süße Sahne mit 4 EL Vollrohrzucker und 4 EL Kakao steifschlagen.
- Beim Füllen der Brötchen dann dem Rezept für die normalen Marzipan-Sahne-Brötchen folgen.

Nachtisch, Tee und Glögg

Efterrätter, te och glögg

Naturreis à la Malta

Råris à la Malta

Ein mächtiger und sehr beliebter schwedischer Weihnachtsnachtisch! Der Name des Gerichts könnte eine Abwandlung der französischen Bezeichnung *riz à l'amande* (Mandelreis) sein. Üblicherweise wird Reis à la Malta aus weißem Milchreis zubereitet, der mit geschlagener Sahne gemischt wird. Mit Naturreis statt mit weißem Reis wird es gesünder und verführerisch körnig-sämig. In Schweden wird Reis à la Malta gerne mit angedicktem Fruchtsaft serviert. Dieses Rezept enthält stattdessen getrocknete Aprikosen und Walnüsse.

Für 8 bis 10 Portionen
360 g Rundkornvollkornreis
2 EL Butter
500 ml Wasser
500 ml Milch
etwas Meersalz
50 – 100 g Vollrohrzucker
2 EL Vanillezucker
400 – 500 ml süße Sahne
200 g getrocknete Aprikosen, in Stückchen geschnitten
150 g Walnüsse, gehackt

❄ Den Reis abspülen. Butter in einem großen Topf schmelzen und dann den Reis bei kleiner Hitze kurz in der Butter schwenken.

❄ Wasser, Milch und Salz hinzufügen und den Reis bei kleiner Hitze im geschlossenen Topf 45 bis 60 Minuten köcheln lassen. Darauf achten, dass er nicht überkocht. Gelegentlich umrühren, damit er nicht am Topfboden festkocht.

- Den Topf vom Herd nehmen, wenn die Flüssigkeit eingekocht ist, und Zucker und Vanillezucker einrühren. Abkühlen lassen.
- Die Sahne steifschlagen, und die Hälfte davon so unter den abgekühlten Reis rühren, dass sich beides gut vermischt. Dann die übrige Sahne locker unterheben.
- Aprikosen und Nüsse unterheben.

Pfannkuchen

Pannkakor

Pfannkuchen sind in Schweden eine traditionsreiche Speise, erste Hinweise stammen etwa aus dem Jahre 1500. Auch heutzutage sind Pfannkuchen noch ein beliebtes Dessert nach der traditionellen Erbsensuppe am Donnerstag. Wir haben auch viele Sprichwörter mit Pfannkuchenbezug, die unsere Liebe zu Pfannkuchen zeigen: »Marsch Pfannkuchen!«, »Herauf wie eine Sonne und herunter wie ein Pfannkuchen« oder »Alles wurde zu Pfannkuchen«.

Zu Pfannkuchen essen wir verschiedene Beerenkompotte aus Heidelbeeren, Himbeeren oder Preiselbeeren. Oder *Drottningsylt,* Königinnenkompott, eine Mischung aus Himbeeren und Heidelbeeren. Manchmal auch mit Schlagsahne!

Üblicherweise machen wir Pfannkuchentorte: Hierfür schichten wir viele Pfannkuchen aufeinander mit Schlagsahne, Beeren und Kompott zwischen den einzelnen Lagen.

Für 10 bis 15 Pfannkuchen

150 g gesiebtes Dinkel- oder Weizenmehl
1 TL Meersalz
1 EL Vanillezucker
600 ml Milch
3 Eier von glücklichen Hühnern
50 g Butter zum Braten

❄ Mehl mit Salz und Vanillezucker mischen. Die Hälfte der Milch unterrühren und geschmeidig verquirlen. Den Rest der Milch und dann die Eier unterrühren. Die Pfannkuchenmasse 20 bis 30 Minuten ruhen lassen.
❄ Etwas Butter in eine heiße Bratpfanne geben.

- Knapp 100 ml Pfannkuchenmasse in die Pfanne gießen. Die Bratpfanne etwas schräg halten, sodass sich die Masse gleichmäßig in der Pfanne verteilt.
- Pfannkuchen braten, bis er etwas fest wird und eine matte Oberfläche bekommt. Dann den Pfannkuchen wenden, um die andere Seite zu braten. Wenn man will und es wagt, kann man den Pfannkuchen wenden, indem man ihn aus dem Pfanne hoch in die Luft wirft und wieder mit der Pfanne auffängt.
- Weitere Pfannkuchen braten, bis die Masse aufgebraucht ist. Fertige Pfannkuchen in einer feuerfesten Form im vorgeheizten Backofen bei 100 °C warm halten, während die folgenden Pfannkuchen gebraten werden.
- Pfannkuchenmasse dann und wann umrühren, damit sich das Mehl nicht absetzt.
- Pfannkuchen mit Beerenkompott und Schlagsahne einzeln oder als Pfannkuchentorte servieren.

Warmer Obstsalat

Varm fruktsallad

Ein warmer Obstsalat mit weihnachtlichen Früchten ist etwas Gutes in der Winterdunkelheit. Den Salat am besten mit Eis oder Schlagsahne oder weichem, cremigem Mascarpone servieren und genießen. Man kann auch Vanillejoghurt in einem Kaffeefilterpapier ablaufen lassen. Auf diese Weise bekommt man einen cremigen, etwas dickeren Joghurt, der gut zu Nachspeisen passt.

Für etwa 4 Portionen
2 Äpfel
2 Birnen
2 reife Mangos
3 Bananen
3 Apfelsinen
400 g frische Ananas oder Ananas aus dem Glas, in Stücke geschnitten
200 g Cashewnüsse
40 – 50 g Kokosflocken

Safransud
500 ml Wasser
200 g Vollrohrzucker
0,5 g Safranpulver (1 Tütchen)

❄ Früchte waschen, schälen, entkernen und in kleine Würfel schneiden.
❄ Das Obst mit Nüssen und Kokosflocken mischen.

- ❄ Für den Safransud Wasser, Zucker und Safran in einen Topf geben und einige Minuten kochen lassen.
- ❄ Den warmen Sud unter den Obstsalat heben. Wenn man möchte, kann man zusätzlich auch das Obst oder die Obst-Safransud-Mischung vorsichtig erwärmen. So wird der Salat richtig schön warm!
- ❄ Sofort mit cremig geschlagenem Mascarpone – eventuell mit Vanillezucker – servieren. Oder mit Vanilleeis, Schlagsahne oder Vanillejoghurt.

Pfefferkuchentiramisu

Pepparkakstira-mi-su

Der italienische Nachtisch Tiramisu ist kein schwedisches Weihnachtsgericht, doch wenn man das Tiramisu statt mit Löffelbiskuits wie im italienischen Original mit schwedischem weichem Pfefferkuchen zubereitet, entsteht daraus eine leckere schwedisch-italienische Allianz.

Für etwa 6 Portionen
200 ml starker, kalter Kaffee
50 ml Kognak oder Kakaolikör
3 Eier von glücklichen Hühnern
100 g Zucker
250 ml süße Sahne
200 g Mascarpone
1 weicher Pfefferkuchen (siehe Seite 94)
50 g dunkle Bitterschokolade guter Qualität, gehackt
50 g Walnüsse, gehackt
Kakao zum Bepudern

- ❄ Kaffee zum Kognak oder Likör gießen.
- ❄ Vier Schüsseln bereitstellen.
- ❄ Die Eier trennen und das Eigelb mit dem Zucker in der ersten Schüssel hell cremig rühren.
- ❄ Das Eiklar in einer anderen Schüssel zu festem Eischnee schlagen (auf saubere Schläger des Mixgerätes achten).
- ❄ Die Sahne in eine dritte Schüssel geben und steifschlagen.
- ❄ Mascarpone in der vierten Schüssel locker aufschlagen.

- ❄ Geschlagene Sahne unter den Mascarpone heben. Sahne-Mascarpone-Mischung locker mit der Eigelbmasse vermengen. Zum Schluss den Eischnee unterheben, sodass eine luftige Masse entsteht.
- ❄ Eine schöne flache Form bereitstellen (etwa 25 cm breit, 30 cm lang).
- ❄ Den Pfefferkuchen in Scheiben schneiden, jeweils etwa zwei Zentimeter dick, jede Scheibe kurz in die Kaffeemischung eintauchen und die Hälfte der Scheiben nebeneinander in die Form legen. Mit der Hälfte der Mascarponemasse bedecken.
- ❄ Die gehackte Schokolade und die gehackten Walnüsse darüber verteilen.
- ❄ Die andere Hälfte der Pfefferkuchenscheiben nebeneinander auf die Mascarponeschicht legen. Mit der übrigen Mascarponemasse abschließen.
- ❄ Einige Stunden kalt stellen.
- ❄ Zum Servieren mit Kakao bepudern.

Weihnachtseis

Julglass

Typische Weihnachtssüßigkeiten in Schweden sind Schokolade, Marzipan, Nüsse und Lebkuchen. Nehmen wir all diese Dinge, geben Weihnachtsgewürze dazu und bereiten daraus ein wunderbares Weihnachtseis!

Für 6 bis 8 Portionen

Für guten Geschmack

100 g Walnüsse, gehackt
100 g dunkle Bitterschokolade guter Qualität, fein gehackt
10 – 15 Stücke kräftig gewürzte Lebkuchen,
in kleine Stückchen geschnitten (100 g, siehe Seite 98)
50 g Marzipanrohmasse, zu sehr kleinen Kugeln gerollt
1 TL gemahlener Zimt
½ TL gemahlene Gewürznelken
½ TL Ingwerpulver

Eis

4 Eier von glücklichen Hühnern
500 ml süße Sahne
150 g Vollrohrzucker
2 EL Vanillezucker

❄ Alle Zutaten für guten Geschmack in einer Schüssel mischen.
❄ Die Eier trennen. Das Eiklar in einer Schüssel zu festem Schnee schlagen (auf saubere Schläger des Mixgerätes achten).
❄ In einer anderen Schüssel die Sahne steifschlagen.

- Das Eigelb mit Zucker und Vanillezucker in einer dritten Schüssel hell cremig schlagen.
- Anschließend die Eigelbmasse und die geschlagene Sahne miteinander verrühren. Die Geschmackszutaten untermischen. Zum Schluss den Eischnee vorsichtig unterziehen.
- Die Masse in eine Zuckerkuchenform oder eine andere schöne Form füllen und mindestens 4 Stunden gefrieren lassen.
- Oder alles in eine Eismaschine geben.

Eine Weihnachtskrippe in der Kirche oder zu Hause ist in Schweden seit dem 13. Jahrhundert Tradition.

Warme Glöggbirnen mit Safransahne

Glögginkokta päron med saffransgrädde

Eine leicht zubereitete Nachspeise für die Winterzeit! Der würzige *Glögg* ist ein wichtiges Weihnachtsgetränk. Er kann rot oder weiß sein. Mit oder ohne Alkohol. Oft sind Glöggrezepte auch geheim und ähneln ein bisschen Hexenkunst!

Für 4 bis 6 Portionen
8 – 10 Birnen
500 ml Glögg oder Glühwein nach Wahl (siehe Seite 122)
100 – 200 g Vollrohrzucker
eventuell 1 – 2 TL Ingwer, frisch gerieben

Safransahne
500 ml süße Sahne
0,5 g Safranpulver (1 Tütchen)
100 g Vollrohrzucker
2 TL Vanillezucker

❄ Die Birnen schälen, entkernen und jeweils in acht Spalten schneiden.
❄ Den Glögg vorsichtig mit dem Zucker erhitzen, dass dieser sich auflösen kann. Nicht kochen lassen. Eventuell etwas Ingwer dazugeben, um es noch würziger zu machen.
❄ Die Birnenspalten in den Glögg legen und sehr vorsichtig einige Minuten kochen lassen, bis die Birnen so weich sind wie gewünscht.
❄ Ein bis zwei Tage zugedeckt im Kühlschrank ziehen lassen.
❄ Für die Safransahne die Sahne mit dem Safran, Zucker und Vanillezucker mischen und steif oder halbsteif schlagen.
❄ Birnen warm mit Safransahne servieren.

Yogitee

Yogite

Yogitee ist Gewürztee, zubereitet aus genau den Gewürzen, die man in Schweden mit Weihnachten verknüpft: Zimt, Ingwer und Gewürznelken.

Für 1 Liter

1 l Wasser
1 Stück frischer Ingwer (6 – 8 cm)
etwa 10 Gewürznelken
1 TL Kardamomsamen
½ TL schwarze Pfefferkörner
2 – 3 Zimtstangen

❄ Alle Zutaten in einen Topf geben und mindestens 30 Minuten kochen.
❄ In eine Teekanne abgießen und dabei die Gewürze im Topf lassen.
❄ Man kann die Gewürze auch zerkleinert kochen und beim Servieren abseihen.

Stroh ist zu allen Zeiten wichtig gewesen für das Weihnachtserleben in Schweden. Er war auf den Höfen immer zur Hand und wurde auf den Boden, in die Betten und in die Holzschuhe gelegt.

Alkoholfreier Weihnachtsglögg

Alkoholfri julglögg

In Schweden gibt es im Handel jede Menge Sorten *Glögg* – Glühwein – zu kaufen, mit und ohne Alkohol. *Glögg* ist ein wichtiges Dezembergetränk, und das eine Glöggfest löst das nächste ab in der Dezemberdunkelheit!

Für 1 Liter

500 ml schwarzer Johannisbeersaft oder dunkler Traubensaft
500 ml Heidelbeersaft
10 – 20 Gewürznelken
3 Zimtstangen
1 Stück frischer Ingwer (6 – 8 cm)
1 Handvoll Rosinen
5 – 10 getrocknete Feigen, klein geschnitten
einige Mandeln und Rosinen für jeden Becher Glögg

- Alle Zutaten – bis auf die Mandeln und Rosinen für das Servieren – zusammen auf kleiner Flamme etwa 30 Minuten kochen.
- Alle Gewürze und Früchte abseihen.
- Heiß mit Mandeln und Rosinen trinken.

Die Autorin

Lena Brorsson Alminger lebt in Kungsbacka an der Westküste Schwedens. Sie arbeitet als Autorin, hält Vorträge und fotografiert. Ihre Themen sind Gesundheit, Sport, Zeit und Langsamkeit, Essen und Inspiration. Bisher hat sie dreizehn Bücher in Schweden veröffentlicht und Wandkalender gestaltet.

Frau Brorsson Alminger ist passionierte Langstreckenläuferin. Als Läuferin liebt sie die Natur, wünscht Gesundheit für jedermann und immer das beste für die Erde. Diesen Wunsch bringt sie in ihren Büchern zum Ausdruck.

Rezeptindex

ISBN: 978-3-89566-394-9
© 2019: pala-verlag,
Rheinstr. 35, 64283 Darmstadt
2. bearbeitete Auflage
www.pala-verlag.de

Alle Rechte vorbehalten

Illustrationen und Umschlaggestaltung: Margret Schneevoigt
Übersetzung aus dem Schwedischen: Christine Waßmann
Lektorat: Angelika Eckstein

Druck und Bindung: Druckhaus Nomos, Sinzheim
www.nomos-druck.de
Printed in Germany

Gedruckt auf
100% Recyclingpapier